AF481300

EDIZIONI
LA RIA

Parole al vento

Giandomenico Giannetto

2022 © Edizioni La Rìa
www.lachanceria.it/edizionilaria
edizionilaria@gmail.com

Grafica di copertina: Lucia Soscia
Progetto grafico: Letizia Maggio
Editing: Federica Sauzzi

Parole al vento

vogliamo davvero un mondo a misura di Rt?

Giandomenico Giannetto

Prologo

Come ci si può approcciare ad un tema tanto complesso come quello della medicina? Trovare un' introduzione, fidatevi, è stato già abbastanza drammatico.

Ma partiremo con calma: ricordo quanto mi piacque l'introduzione di un libro di Italo Calvino.

Prendi questo libro, mettiti comodo, scegli la luce giusta, vedi se leggere in silenzio o meno e lascia scorrere le pagine una dopo l'altra.

Perché scrivere un libro che tratta di medicina? O ancora, perché scrivere un libro? Ne vengono sfornati milioni e milioni ogni anno, chi più e chi meno, in tanti hanno la passione della scrittura.

Volevo lasciare qualcosa? Forse.

Volevo raccontare la mia storia attraverso il mio rapporto con la medicina? Magari.

Mi piacerebbe diventasse quasi una norma, l'autoreferenzialità nel raccontare. Parliamo di una scelta stilistica ben precisa, perché dietro queste parole c'è una persona con il suo vissuto e le sue idee.

Diventa fisiologico poi osservare il mondo attraverso i propri occhi.

Mi è sempre piaciuto scrivere, spero che l'intera opera rimanga godibile dall'inizio alla fine e per questo scelgo volontariamente un linguaggio che provi a rimanere il più semplice possibile.

Un linguaggio accademico non è potabile, non è alla portata di tutti e per questo lo ritengo abbastanza esclusivo.

Allo stesso tempo, nel sottotitolo c'è un chiaro riferimento tecnico: l'indice di contagio, quel 'Rt' con cui stiamo convivendo da ormai tre stagioni.

Diciamo che più cose si conoscono sulla struttura che critichi, tanto meglio per te. Ma andiamo avanti.

Più che la verità, è la ricerca della aletheia quello che mi interessa. Non penso esistano delle verità oggettive, ed è una domanda che negli scorsi dieci anni mi sono posto spesso.

Quello che mi ha segnato per la prima volta è accaduto durante una lezione di storia alle superiori: il racconto di un assalto a Costantinopoli, raccontato da un locale e da un aggressore.

Viene stravolto il significato degli eventi, non c'è niente da comparare. Eppure si parlava della stessa situazione, di persone che attaccavano una città per conquistarla, con tutto il corollario: fuoco, distruzione, morte. Per il locale queste erano parole più importanti, mentre sentimenti come orgoglio, forza dell'esercito, coraggio, arrivavano dal cronista aggressore.

Non pensate che in campo accademico avvengano cose tanto diverse: ogni numero assume un significato diverso in base alla persona che lo redige e a quello che lo legge.

Ecco perché bisogna sempre controllare chi scrive gli articoli scientifici e i suoi eventuali conflitti di interesse.

Anche qui, tutto quello che scriverò è ovviamente filtrato in base alle mie esperienze, in base al mio spazio, in base al mio vissuto. E non potrebbe essere altrimenti!

Abbiamo paura della soggettività? Abbiamo paura che possano esistere diverse opinioni, diversi modi di vedere le cose?

Stiamo consciamente andando incontro ad una progressiva standardizzazione della realtà. Affidarsi all'oggettificazione della realtà per non doverci pensare due volte, andando poi a estremizzare ogni singolo discorso in, quando va bene, due ramificazioni.

Desideriamo questo? L'appiattimento delle sensazioni e delle emozioni? Perché ormai vengono stravolte anche quelle, le emozioni che non riescono ad essere catturate dalla rete del metodo scientifico. Non va bene urlare, non va bene rompere le cose. Le proteste sono accettabili soltanto quando rispecchiano il mio personale modo di vedere le cose.

Chi vive una situazione di sofferenza viene reso invisibile, la sua sofferenza deve essere mite; altrimenti, passa dalla parte del torto.

Come siamo arrivati a questo?

Penso sia possibile raccontarlo attraverso l'analisi del mondo medico: d'altronde, anche questo è perfettamente calato nei meccanismi della società in cui viviamo.

Ad esempio, parliamo di vaccinazioni: un topic stra abusato da qualche anno a questa parte, dalla fatidica legge Lorenzin del 2017 e, su questo argomento, o sei a favore o sei contro. Con tutto quello che ne consegue, per dirne una, la polarizzazione dell'argomento: tutto è bianco o nero, non esistono scale di grigi.

Una coppia che vede il proprio figlio o la propria figlia svanire, perdersi da un giorno all'altro, avrà un' opinione forte e probabilmente negativa sulla vaccinazione: ecco la famosa genesi dei "novax". Non c'è nessuno che vuole sfruttare, nessuno che vuole prendere soldi, abbiamo soltanto persone che hanno sofferto e che alzano la voce per evitare che situazioni simili avvengano anche ad altri e altre.

Se proprio vogliamo fare i malpensanti perché ci sono delle persone che vogliono guadagnarci, facciamo i malpensanti con le industrie, non con i singoli.
Le persone che vogliono arricchirsi sulle spalle della gente esistono: non per questo dobbiamo generalizzare. Dall'altro lato però, quello dal quale provengono critiche del genere, cosa abbiamo?
Sliding doors, corruzione ai più alti livelli, incapacità - o malafede- nel tentare di migliorare le cose per chi vive senza particolari privilegi.
E noi occidentali già partiamo da una base migliore rispetto a tante altre zone del mondo. Avete mai sentito parlare della piramide di Maslow? In breve, ci sono delle necessità per ogni essere vivente: si parte dai bisogni più elementari come avere una casa, dei vestiti, del cibo, degli affetti, e poi si va a riempire la piramide con altri elementi non essenziali.

Sono tantissime in Italia le persone che possono essere definite povere, ed è un dato in crescita negli ultimi anni: pensate che oltre 5 milioni di persone vivono sotto la soglia della povertà assoluta, quasi una persona su dieci!

Eppure parliamo di uno dei paesi più importanti e potenti a livello globale: sarebbe probabilmente il caso di cambiare i parametri per definire un paese sviluppato?

La crescita infinita a quale risultato ci porterà? Possiamo misurare la qualità della vita esclusivamente in base ai soldi che possediamo o al valore creato?

Per tornare un attimo al discorso delle vaccinazioni, abbiamo delle eccezioni, se così vogliamo chiamarle, per ricordare ancora una volta che focalizzarsi sul bianco e nero è altamente limitante.

Esempio: una famiglia che ha subito un danno a causa delle vaccinazioni ed comunque favorevole alla pratica. Come vogliamo inquadrare la suddetta famiglia? La voglia di credere comunque di aver fatto la scelta giusta? Che siano stati i poveri sfortunati ad aver subito quel rarissimo effetto collaterale? Ecco, non è mia volontà sviscerare questa situazione, però per entrambi i casi la reazione popolare è diversa: una scelta viene applaudita, l'altra viene aspramente contestata e criticata.

Houston, abbiamo un problema?

Cosa vuol dire medicina?

Da bambino non ho mai pensato cosa potesse voler dire *medicina*.
Potevo osservare da lontano mio padre, probabilmente credevo che volesse dire *curare le persone.*

In effetti, possiamo dire che grazie alla medicina si è allungata la vita media, sono scomparse diverse patologie, si punta sempre a migliorare gli strumenti a nostra disposizione per aiutare le persone nelle terapie.

E tutti questi sono discorsi leciti, *per carità.*

Sorge un problema quando scoperchiamo il vaso di Pandora, e la speranza *è la prima ad andarsene.*

Uno dei tanti **problemi della medicina del ventunesimo secolo**, ahinoi antropocentrici anche sul calendario, è l' incapacità di vedere le cose nel lungo periodo. Conoscerete sicuramente una delle visioni future più interessanti nel panorama occidentale, la medicina delle 4 P; giochiamoci su con una possibile interpretazione di quella attuale, la **medicina delle 4 S:**

- **La medicina del tutto e Subito**, ovvero ad ogni dolore corrisponde un farmaco e, allo stesso tempo, un farmaco può trattare diversi dolori. Si cerca di spazzare la neve quando ormai è quasi entrata in casa, diventa per forza di cose un tampone.
- **La medicina Spersonalizzata;** checché se ne dica, le linee guida ed i protocolli vengono seguiti come un libro sacro, dimenticandosi che davanti si ha un **paziente singolo** e non un campione di 1000 persone.
- **La medicina Scientista**, con la sua incapacità di uscire dai propri confini. Incapacità di percepire la realtà come un corpo unitario, chiudendosi nei propri dogmi.
- **La medicina Superba**, che non vuole andare al di là del proprio naso. Una tipologia di trattamento che ha si e no cent'anni, e ha compiuto il suo ultimo passo nel **1992** attraverso la creazione della **EBM** (medicina basata sull'evidenza).

Abbiamo cambiato per un momento l'argomento, ma è necessario analizzare a tutto tondo la questione, perlomeno grazie a più prospettive. **Non possiamo fare di tutta l'erba un fascio**, insultare ogni medico soltanto perché ricopre questo incarico: **esiste Big Pharma**, esistono dottori corrotti, dottori incapaci, ma **esistono** anche delle realtà che propongono **alternative valide**, serie, coerenti.

Nel momento in cui conosco delle alternative, perché rimanere sulla stessa strada? Nel momento in cui conosciamo cosa succede dietro al velo delle industrie farmaceutiche, perché foraggiarle? Da un certo punto di vista, frequentare la scuola di Medicina significa dare potere a quell'idea. Sappiamo che le Università, per mancanza di fondi, dipendono dalle aziende; sappiamo che i libri e le linee guida sono stati scritti seguendo *la logica del denaro e degli interessi.*

Questo non vuol dire che l'Università sia un punto morto da eliminare, o che tutte le Università siano cattive di per sé. Ma è la realtà, bisogna fare dei conti e agire di conseguenza.

Facciamo un salto nel passato: mi è capitato per le mani un testo di **filosofia della scienza**, e ho letto i pensieri di uomini occidentali lungo il corso degli anni.
Salta subito all'occhio che persone come **Platone** o **Aristotele** erano decisamente più vicine all'arte medica di tanti medici di oggi.

Necessario essere filosofi per essere medici? Per me, sì.

Sembra presunzione, ma è semplicemente una considerazione fatta seguendo una logica di vita che affonda le sue radici nel passato. Ed ecco l'eterno ritorno, **la *lotta* tra vitalismo e materialismo**: non credo vedrò mai la fine di questa disputa. Va sempre così e si evolve seguendo i tempi: adesso possiamo immaginare che i **vitalisti** siano omeopati o agopuntori, che sfruttano la forza vitale dell'individuo, mentre tra i **materialisti** abbiamo sicuramente i seguaci della EBM.

Nessun problema, ognuno sceglie la strada che ritiene migliore per se stesso.

Se qualcosa non può essere misurabile, allora non è reale.
Non avere gli strumenti adatti per misurare qualcosa, rende quella cosa non esistente?

Fondamentale porsi le domande giuste, a dare risposte siamo tutti bravi.
Una delle massime risposte che stiamo leggendo ovunque negli ultimi anni è **"la scienza non è un opinione"**.
Bisogna mettere in chiaro **cosa significhi scienza** e **cosa significhi opinione**.

Cosa vuol dire scienza?

Ancora prima di capire cosa sia la scienza, possiamo dare un' occhiata alla definizione di medicina? Mi rifaccio alla definizione di **Cosmacini** per praticità, cioè che 'la **medicina è una pratica basata su altre scienze** (chimica, biologia, fisica) **che differisce dalle altre perché il suo oggetto è un soggetto**'.

Paradossalmente la medicina è molto più vicina all'arte e alla filosofia che alla fisica.

Non è necessario spiegare cosa significhi scienza, nel momento in cui sappiamo cos'è la medicina.

Il modo di pensare dell'uomo di oggi fa credere che la medicina sia una scienza perché si usano misurazioni, si fanno studi di ogni genere, le statistiche, macchinari grossi per fare diagnosi. Non è così semplice. Spesso si fa confusione tra le due cose, rendendo la medicina una scienza, fondamentalmente grazie all'apporto della EBM. Ma in campo medico, al netto della presunta comunità scientifica, non c'è accettazione totale del metodo EBM.

Quando parliamo di **opinione**, fondamentalmente stiamo parlando dell'**esperienza sul campo**, almeno **in campo medico**. Immaginiamo **un medico** che attraverso l'**esperienza**, che so, 10.000 pazienti, ha capito quando una persona rischia di ammalarsi o riesce, attraverso la pratica, a capire quale sia il rimedio giusto per ogni persona.

Immaginiamo un **medico** che è estremamente bravo nella **teoria**, conosce a memoria tutte le metanalisi e ogni protocollo, ma non ha esperienza.

Chi preferiamo?

L'esempio può essere visto come estremo, ma serve per introdurre questo concetto: **la teoria è l'arte dell'universale** (*io so come diagnosticare una malattia, sintomi, terapia*), la **pratica è l'arte del particolare** (*io so come diagnosticare e trattare in base al paziente che mi trovo davanti*).

Ciò non vuol dire che un esclude l'altra, perché nessuno sta dicendo che la teoria non serve, tuttavia è chiaro che la pratica possa farne a meno, nel momento in cui la teoria è validata su campioni di migliaia di individui. La statistica può essere d'aiuto, può essere un parere, ma poi finisce lì.

Perché l'esperienza batte la teoria?

Per tutto quello che abbiamo già detto, gli studi che poi vanno a costruire libri e linee guida sono basati sull'universale e sulla probabilità. **L'utilizzo ortodosso della statistica in medicina deve finire**, perché non può funzionare, dato che l'oggetto di studio è un soggetto con infinite variabili. Per cui possiamo concludere ancora una volta che l'**EBM è figlia di quella mentalità materialista** per la quale soltanto ciò che si vede si può curare, e utilizzare la statistica in questo modo vale a dire che ogni uomo è identico all'altro, praticamente paragonabile ad una macchina.

Sarà per questo che gli esempi automobilistici vanno di moda?

L'arte medica si basa sull'esperienza del medico e sulla conoscenza del particolare, avendo come buon alleato tante scienze che collaborano per la salute dell'essere umano

Non è molto più carino così?

Il rapporto con l'altro

Cerchiamo disperatamente una soluzione, una maniera per sollevare il nostro spirito e, perché no, appianare le divergenze con chi la pensa in maniera diversa da noi. Il rapporto con l'altro diventa estremamente conflittuale nel momento in cui la sua visione delle cose è diversa dalla nostra. Veniamo esposti a diverse frequenze di luce, alle quali non eravamo abituati: la cosa può bruciarci o no.

Possiamo mandarlo a quel paese o cambiare opinione.

Ma c'è una terza opzione! Capire il motivo per cui ha preso quella strada, senza per questo condannarlo. Anche e soprattutto questo sta alla base di un discorso sano: semplicemente accettare che esistano punti di vista diversi. Non si chiede di condividerli, di ergerli a unici modi e mondi possibili, è davvero molto semplice.

Chi è l'altro? Si, lo vediamo di fronte a noi con gli occhi, sentiamo il suo odore attraverso l'olfatto, lo percepiamo grazie al tatto. Anche qui, questo semplice discorso è figlio della mentalità frammentaria in cui siamo immersi e cresciuti. L'esperienza è completa, spezzandola non si può apprezzare totalmente. Se usciamo da questa dinamica, cosa succede? Alla fine, siamo soltanto un mare di atomi che sbattono tra loro a diverse frequenze; penso sia molto poetico vedere come realmente e, in maniera non visibile agli occhi, siamo tutti atomi.

Il rapporto con la tecnologia

Perché continuare questo paragrafo introduttivo attraverso la tecnologia? Penso sia necessario osservare come, nella nostra "crescita" come specie, la tecnologia abbia pian piano preso sempre più piede nella vita di ciascuno di noi. Il primo flash che mi viene in mente salta all'Antica Grecia e alla primordiale scoperta di un motore: ai tempi la percezione sulla techné, la tecnica, non era la stessa che abbiamo oggi e non è stato approfondito il ruolo che quella scoperta avrebbe potuto comportare. Almeno, questa potrebbe essere una spiegazione convincente.

Più tecnologia irrompe nelle nostre vite, meno siamo in grado di compiere scelte senza l'utilizzo di tecnologia. Che qualcosa nata con l'idea di aiutarci ci stia rinchiudendo in una gabbia da cui sarà impossibile uscire?

Non riesco più a fare a meno di pensarlo, quando scrivo al computer o utilizzo il mio smartphone: c'è una parte di mondo che è stata sfruttata, tanti che hanno perso la vita, per permettermi di stare qui seduto a scrivere su questi dispositivi. E con questo non sto facendo una furiosa campagna di "buttiamo pc e cellulari, eliminiamo lavastoviglie e scaldabagni", perché mi rendo conto in primis di non avere un'alternativa. E qualora ci fosse, probabilmente ancora non sono abbastanza coraggioso per prenderla. Mi rendo conto di quanto sia piacevole potersi fare un bagno caldo in alcune giornate dell'anno; semplicemente, vorrei che tutti gli abitanti del pianeta potessero farlo. E non parlo soltanto di noi come specie, ma anche degli altri animali: siamo tutti soggetti di una vita che meriterebbe di essere vissuta degnamente.

Perché ci sono i materiali, perché ci sono i mezzi, perché non sarebbe tanto difficile. Si, è assolutamente utopico e probabilmente più difficile a farsi di quanto sembri a parole.

Eppure preferiamo vivere il mondo in maniera dis-topica, scordandoci delle fasce deboli, degli emarginati, degli oppressi.

Ogni tanto una botta di green washing, il miliardario che fa filantropia per pagare meno tasse, e la coscienza si sistema.

Al netto di tutte le ipotesi, l'emergenza Coronavirus avrebbe potuto segnare una svolta a livello globale: fermarsi, valutare, ripartire. Non ci sono state valutazioni reali, tutto è rimasto come un vago eco di miglioramento e alla fine le cose sono ricominciate allo stesso modo in cui si sono interrotte.

Vi ricordate che dicevo come analizzando la medicina si può anche dare uno sguardo alla nostra società? In questo mondo veloce e competitivo, ciò si ripercuote ad esempio sulla durata media di una visita dal medico! In Italia, dura circa nove minuti.

Allo stesso modo ad esempio nel mondo della moda, con le dinamiche del fast fashion che rovinano persone e territori.

Tendiamo poi a fare davvero tanta confusione: sarà forse la velocità a cui siamo sottoposti, se penso a tutte quelle notizie con le quali siamo bombardati giorno dopo giorno.

Ad un certo punto basta, il cervello si spegne perché non vuole più saperne. Possiamo dire di vivere in un mondo non a misura d'essere umano?

La storia del secondo sonno

A proposito di mondo iperveloce, avete mai sentito parlare del secondo sonno? Vi racconto questa storia per portare diversi spunti di riflessione.

Quando pensiamo al dormire, ci immaginiamo una lunga nottata di sonno senza interruzioni. Una lunga giornata di lavoro, le macchine, la confusione la gente, e non vediamo l'ora di crollare per dieci ore nel letto. Ci sono andato larghissimo con le dieci ore, facciamo cinque. E non puoi nemmeno pensare di farlo, perché il giorno dopo si ricomincia!

Ma a quante persone capita di svegliarsi durante la notte? Senza necessariamente dover andare in bagno o a prendersi un bicchiere d'acqua.

- *"bisogna dormire almeno 7-8 ore al giorno!"*
- *"i bambini dormono più a lungo, gli anziani di meno!"*

Siamo cresciuti con queste frasi, dico bene?

Facciamo un passo indietro, nemmeno troppo lontano; andiamo a leggere questo piccolo estratto dal *Don Chisciotte* (1615):

- *"Don Chisciotte seguiva la natura, ed era soddisfatto dal suo primo sonno, senza avere bisogno del secondo. Per Sancho invece ne bastava uno, che durava dalla sera alla mattina."*

Cambiamo zona, dalla penisola iberica spostiamoci a quella britannica, e vediamo un estratto di una *vecchia ballata inglese,* "Old Robin of Portingale" scritta probabilmente nell'epoca delle crociate e contenuta in un testo di Percy Folio del XVIII secolo.

- *"E al risveglio dal tuo primo sonno ti dovrai fare una bevanda calda, e al risveglio dal tuo secondo sonno, i tuoi dolori scompariranno".*

Restiamo però nel XVII secolo, l'epoca in cui arriva la magica illuminazione artificiale, perché con la rivoluzione industriale incombente bisognava lavorare anche di notte.
Ma quanta voglia avevano?

- Parigi 1667;
- Amsterdam 1669;
- Londra 1684;

Una dopo l'altra, le maggiori città si attrezzano e alla fine del secolo più di 50 città europee godono della luce anche di notte. Niente di spettacolare: i primi lampioni erano fabbricati con delle candele di cera all'interno. Gli andava bene così.

Prima di questo periodo, la notte era riservata ai reietti della società.
Con le luci, tutto d' un tratto, divenne invece un' attrattiva.
Cambiarono le abitudini da un secolo all'altro, e sarà così anche per noi.

Scopriamo qualcosa in più su questo cambiamento grazie a Roger Erkich, storico della Virginia Tech, che ha pubblicato qualche anno fa un libro frutto di sedici anni di ricerche sul sonno, "*At Day's Close*", in cui racconta come il sonno dell'uomo sia stato fondamentalmente bifasico per la maggior parte della sua storia.

Pensate che nel 1829, soltanto qualche generazione dopo, i medici imponevano ai genitori di impedire il sonno bifasico ai figli:

"Se non c'è nessuna malattia in corso, allora non dovranno riposare più di quanto abbiano fatto durante il primo sonno, che è abitudinario. Se volessero poi nuovamente addormentarsi per il secondo, rimproverateli facendogli capire come sia una disobbedienza."

Ma quindi cosa si faceva nell'intervallo tra i due sonni?

Testi medici del sedicesimo secolo parlano della pausa tra i due sonni come *"il momento migliore per concepire"*.

C'era chi usciva per visitare i vicini, chi leggeva, chi faceva l'amore.
Sono stati anche ritrovati diversi libri di preghiera *specifici* per la pausa tra il primo ed il secondo sonno.

Arriviamo ai giorni nostri

Lo psicologo Wehr nel 1992 realizzò un esperimento: *"come dormono gli esseri umani con meno luce durante la giornata?"*

Solitamente siamo esposti a 14-16 ore di luce (tra naturale e artificiale), lui ridusse per un mese la durata: 10 ore di luce al giorno. Cosa successe? *Solo cose belle.*

La prima notte i volontari hanno dormito 11 ore, e nelle prime settimane dell'esperimento hanno recuperato 17 ore di sonno, praticamente hanno dormito 17 ore in più di quanto avrebbero fatto normalmente durante lo stesso periodo. Ci sono volute tre settimane per trovare un pattern di sonno equilibrato, e quando è arrivato era proprio così: quasi 9 ore, ma non era *propriamente sonno.* Wehr lo descrive come *"uno stato nuovo, tranquillo, con un'endocrinologia propria".*

Ogni notte i volontari vivevano uno stato di riposo tranquillo per due ore prima di addormentarsi. Dormivano con un primo sonno di circa quattro ore, poi si svegliavano dalla fase REM, facevano altre due ore di riposo tranquillo, seguite da un altro periodo di quattro ore di sonno e ulteriori due ore di riposo prima di alzarsi alle 8 del mattino. Questo modello di sonno diviso, separato dal riposo, è chiamato "distribuzione bimodale del sonno" ed è tipico del sonno di molti mammiferi che vivono in natura: è perciò una reminiscenza di qual era il nostro modo di andare a nanna.

Wehr conclude che "*nelle lunghe notti il sonno umano assomiglia a quello di altri mammiferi in misura molto maggiore di quanto sia stato apprezzato. E quando le persone invecchiano, ritornano a questo modello di sonno diviso.*"
Il sonno bimodale, punteggiato da un riposo tranquillo, era un modello a cui i nativi americani ritornavano appena ne avevano la possibilità.

Ho avuto occasione di leggere di un esperimento simile portato avanti da un semplice essere umano senza titoli, che è rimasto per un mese senza elettricità.
Le conclusioni sono le stesse.
Il peggior "contro" per lui è stata la rabbia: quella di non poter camminare la sera senza sbattere con qualche mobile e provare molto dolore. Per il resto, ha ottenuto una migliore qualità del sonno e sperimentato questo nuovo stato di riposo tranquillo, come sottolinea Wehr.

Il nostro sonno è bimodale: questo vuol dire che è tremendo dormire in un solo momento? No, dato che anche nel Don Chisciotte ci raccontano come fosse già una possibilità.

Queste le parole di Gregg Jacobs, psicologo del sonno:

"Per la maggior parte della nostra storia, abbiamo dormito in un certo modo. Svegliarsi durante la notte fa parte della normale fisiologia umana. Oltre il 30% dei problemi medici che i medici si trovano ad affrontare derivano direttamente o indirettamente dal sonno. Ma il sonno è stato ignorato nella formazione medica e ci sono pochissimi centri dove si studia il periodo di veglia tra un sonno e l'altro. Piuttosto che essere costretti a riposare in quei momenti, avrebbero potuto svolgere qualche altra attività capace di regolare poi naturalmente lo stress".

Conclusione?

Siamo ormai abituati a questa luce artificiale, a vivere e produrre di notte. Ricordo che era naturale anche per me, da bambino, svegliarsi durante la notte: semplicemente mi forzavo a dormire di nuovo.

Un problema di cui dover parlare? Probabilmente si, per evitare che si arrivi al binario ragionamento che stigmatizza, anche: *"ti svegli durante la notte? Allora soffri d'insonnia e devi prendere questo e questo".*
Solo il portare alla luce questo discorso rischia di aggiungere ulteriore stress, che si manifesta poi con insonnia e disturbi vari del sonno.

Noi lo sappiamo quanto la luce artificiale, che sia quella del computer o della lampadina, faccia male al nostro orologio biologico, e quindi come sia correlata più o meno direttamente all'insorgenza di malattie (per dirne alcune, tumori o riduzione della sensibilità insulinica).

Una volta arrivate le luci artificiali, *figlie della rivoluzione e della produttività*, i riferimenti sui testi alla veglia tra i due sonni si sono assottigliati sempre di più, fino a scomparire all'alba del XX secolo.

Non possiamo far tornare indietro il tempo, *ma possiamo cambiare le nostre abitudini?*

Salute, Scienza e Anarchia

Bella la storiella sul secondo sonno, vero? Proviamo a mettere giù alcune definizioni, poi se condividerle o meno spetta più a voi che a me.
Il concetto di salute è qualcosa di tanto immateriale quanto pratico: voglio stare bene, voglio essere in forze, voglio avere una vita soddisfacente.
Tutte queste frasi sono pratiche, ma allo stesso tempo sono fragili: ognuno di noi interpreta diversamente i fenomeni della realtà e applica ragionamenti coerenti con la propria storia.

Posso voler essere in forze, ma in che senso? Lo stesso penso si possa dire per una vita soddisfacente, possiamo parlare di priorità. Certo che, ricordando la sempreverde piramide di Maslow, immagino che le necessità primarie debbano essere sempre soddisfatte: avere un tetto sopra la testa, del cibo, degli affetti.

Al momento della nascita, fino a prova contraria, siamo tutti umani. Biologicamente facciamo parte della stessa specie. Poi che sia culo, karma, caso, ognuno e ognuna di noi crescerà in un contesto diverso.

L'importanza dello spazio.
Lo spazio in cui nasciamo determina il colore e l'aspettativa, condiziona fortemente il nostro impatto sul mondo e il nostro pensiero. Allo stesso tempo, il nostro spazio è influenzato dalla nostra famiglia, quando c'è, per cui ecco che arrivano altri condizionamenti. Crescendo impariamo a confrontarci con il diverso da noi, impariamo a riconoscere l'altro. Più andiamo avanti più veniamo, anche forzatamente, a contatto con le diverse sovrastrutture che regolano la nostra società: la Chiesa e i suoi preti, la scuola

e gli insegnanti, le forze dell'ordine, lo Stato con la sua burocrazia. Praticamente una società comandata da finzioni.

L'importanza della percezione.
Svilupperemo, nei confronti di queste sovrastrutture, dei pensieri: pensieri che saranno influenzati dallo spazio, dalla famiglia, dall'altro, dalle sovrastrutture stesse, dalla società in cui viviamo.

Impossibile slegare il singolo dalla realtà multifattoriale in cui ci troviamo.

E qui arriva la magia.

Alcune persone ci dicono, sin dalla più tenera età, quello che possiamo fare, quello che dobbiamo fare, quello che non dobbiamo fare. Perché siamo piccoli, perché non abbiamo capito, perché sanno loro quello che è meglio per noi, o perché si è sempre fatto così. Più invecchiamo, più le cose rimangono uguali: cambiano i soggetti, ma il concetto di autorità rimane.
E, fondamentalmente, ci abituiamo a vivere e a convivere con queste persone.

Mi è sempre stato detto che sono poche le persone in grado di governarsi da sole, per cui c'è bisogno di qualcuno che governi le altre. Ma se sono pochi quelli che riescono a governare sé stessi, non saranno ancora di meno quelli che riusciranno a controllare e governare gli altri?

Ascoltiamo gli insegnanti, che ci dicono come e cosa ripetere. I medici, che ci dicono quale farmaco prendere e come farlo. I politici, che ci invitano a votare per loro, e le forze dell'ordine che ci dicono cosa possiamo fare.

Una vita a prendere ordini. Siamo talmente incapaci a gestirci da soli, che affidiamo ad altre persone, di conseguenza altrettanto incapaci, la nostra vita.

Ma no, non essere così drammatico, mi direte: abbiamo scelto di vivere in questa società, ci siamo divisi il lavoro, utilizziamo una moneta come sistema di scambio, e mica tutti sono portati per comandare.

E poi sarebbero gli anarchici a volere l'utopia?

Chi ci tiene a sottolineare frasi del genere è quello che letteralmente sta vivendo un' utopia. Il problema è quando la premessa si scontra con la realtà.

Non ho niente contro gli insegnanti, contro i medici, i poliziotti e compagnia cantante. Ma è necessario analizzare il sistema in cui viviamo, e trarre delle conclusioni. Queste sovrastrutture portano, a chi ci entra, ad una progressiva deresponsabilizzazione.

Non agisci tu in quanto persona, ma in quanto appartenente ad un gruppo. E, dal momento in cui ne fai parte, vieni automaticamente difeso dal tuo stesso gruppo.

Così le forze dell'ordine difendono un agente che picchia, così l'ordine dei medici difende un medico che uccide, così il Papa difende un prete colpevole di pedofilia.

Non sto dicendo che sia giusto o sbagliato, ma che, in quanto appartenenti ad un gruppo, così funziona.

Possiamo dire poi ugualmente che Il potere difende se stesso.

Il potere difende se stesso

C'è chi direbbe che in questa società ognuno di noi può avere potere, influenza, su qualcun altro: vero. Ma, di base, soltanto per il fatto di appartenere ad un determinato gruppo, sovrastruttura, finzione sociale, alcune persone hanno più potere di altre. E spesso - perchè se vai a dire 'sempre' sei considerato esagerato - questo lo sfruttano a loro vantaggio.

Per cui noi, il popolo, implicitamente, diamo l'ok ad alcune persone di imporci come vivere. Nonostante anche quelle siano persone con il loro spazio e con i loro condizionamenti.

Preferiamo affidare la nostra vita ad altri piuttosto che a noi stessi.

"L'anarchia non è una favola romantica, ma una testarda constatazione, basata su cinquemila anni di esperienza, che non possiamo affidare la gestione delle nostre vite a re, preti, politici, generali, e commissari provinciali."

Edward Abbey, scrittore.

Cos'è peggio? Una società in cui tutti hanno lo stesso potere e nessuno può imporre cosa fare, oppure una società in cui alcune persone hanno più potere di altre, e impongono alle altre come comportarsi? Teniamo sempre a mente la premessa.

Spesso sento parlare di disobbedienza civile: cos'è se non un atto anarchico? Un atto volto a stravolgere una norma accettata da tutti. Noi, a questa regola, non ci stiamo. E non si sta dicendo che non servono assolutamente delle leggi, norme, regole, chiamatele come volete: l'anarchia non è assenza di regole, caos. Direi che il concetto si sposta su altri piani.

Di fatto, le politiche sociali delle sovrastrutture le possiamo riassumere in: o fai come diciamo noi, o stai fuori.

Ed è paradossale che, nonostante una dichiarazione tanto forte, noi proseguiamo su questa strada. Non vi sembra assurdo? Lo facciamo per fiducia, lo facciamo per paura. Ma andiamo avanti.

Anch'io ho paura. Ho paura che un rappresentante delle forze dell'ordine possa farmi male solo perché ha l'autorità per farlo. Ho paura che un medico possa prescrivere obbligatoriamente una terapia o peggio un TSO, perché ha l'autorità per farlo. Ho paura che un legislatore mi possa incarcerare per qualcosa che non ho fatto, perché ha l'autorità per farlo.

Alla fine dei conti, qual è la percentuale di responsabilità? Ricordando sempre la premessa, ognuno di noi cresce influenzato da diversi fattori. Se trovo il poliziotto cattivo, il medico cattivo, il legislatore cattivo, cosa arrivo a pensare?

Considerato che situazioni spiacevoli avvengono quotidianamente, è davvero possibile considerarle poche mele marce? Sicuramente, anche loro posso e devo considerarle delle vittime di quello che hanno vissuto e di quello che stanno vivendo, anche inconsapevolmente. Ma non riesco e non posso davvero incolpare esclusivamente la sovrastruttura. Anche se il gruppo funziona così, anche se ti deresponsabilizza dalle azioni e ti deumanizza, la giustificazione non può essere che tu sia soltanto una vittima.

Sei un esecutore, ma anche tu hai delle responsabilità.

Lo capite il paradosso tremendo in cui viviamo?!

Ecco perché è da combattere il concetto dell'autorità, che non è da intendersi come autorevolezza, bensì come dominio di una persona su un'altra. Fin quando esisterà questo, non riusciremo mai ad essere liberi. Come può non essere malata quella società che ti impone i suoi ritmi, se non vuoi rimanere indietro? Come può non essere pazza quella società che tutela i potenti a discapito di chi non ha nulla?

Cosa c'è di più utopico nel continuare a sostenere un mondo forte con i deboli e debole con i forti? Come si può sostenere quella realtà in cui anche l'esecutore è vittima della sovrastruttura? Un mondo che risponde alle logiche di mercato e che identifica le persone e gli altri animali come capitale? E, in queste stagioni dell'Era Covid, come ha risposto l'autorità? Opprimendo, tagliando ponti, escludendo i non vaccinati dalla società. Ve la butto lì: vi ricordate che praticamente da anni il Parlamento ha esautorato le sue funzioni? **Si va avanti a colpi di fiducia, fiducia, fiducia.**
Non è un caso che il primo partito in Italia sia l'Astensionismo e, a questo punto, non c'è limite che non possa essere superato.

L'emergenza sanitaria va ben oltre questi ultimi due anni, quante volte è stato detto e ripetuto? Quante volte negli ultimi anni abbiamo letto di pochi **posti letto** in terapia intensiva? Quanti ospedali chiusi, quante persone coinvolte in queste decisioni.

Eppure, come possiamo vedere, il trend è lo stesso: si investirà sempre meno nella sanità pubblica.

Non penso questo accada *perché loro sono cattivi*, è un fisiologico processo di un mondo altamente malato: una medicalizzazione sempre più evidente e pressante, il corpo che non è più tuo, e sembra proprio ci sia interesse anche per la nostra versione digitale.

Si parla tanto di promuovere la salute e incentivare comportamenti per migliorarsi eppure, a livello accademico, fondamentalmente quello che traspare è che l'unica autorità in grado di dirci cosa sia la salute sia l'OMS e, di conseguenza, gli altri enti nazionali e non che si occupano del concetto di salute.

Dovremmo fare un salto indietro, arrivare perlomeno a Cartesio, per ricordare il momento in cui il meccanicismo si è appropriato della scienza. E attenzione, qui scatta il primo errore: la scienza non è un' entità immanente, non è quella che analizza attraverso il metodo scientifico.

Scienza è scoperta, è conoscenza, è curiosità. La scienza è assenza di dogmatismo, nessun autoritarismo, è uno scontro divertente. Perché tutto sommato non scopriamo nulla che già non esista, e non diciamo niente che non sia stato già detto: semplicemente proviamo a spiegarlo attraverso un linguaggio verbale o numerico, per esempio.

Purtroppo, quando si pensa alla scienza, si vede esclusivamente il metodo scientifico come qualcosa di puro, infallibile e replicabile. Partendo dal presupposto che riusciamo, da europei occidentali, sempre a darci la paternità di ogni singola cosa sulla faccia della terra, non è corretto confondere l'indagine con tutto quello che circonda l'indagine.

E, se vogliamo, aggiungiamo anche la recente crisi di riproducibilità: oltre il 70% degli esperimenti non è replicabile. Il solo dirlo mi fa strano e dovrebbe far accendere più di una lampadina: ma allora, se viene meno il metodo, cosa resta della scienza?

Resta l'accademia, il laboratorio, l'istituzione; resta la persona che fa ricerca: questi fattori sono utili nel dimostrare come in buona sostanza la scienza non sia quel magico mondo puro che illumina la nostra vita ma, come in tutti gli altri settori, vi dilaghino la corruzione, le pretese, e l'incapacità di avere la visione d'insieme.

Se ancora oggi la maggior parte di noi è convinta che esista una comunità scientifica, serve davvero continuare a discuterne?

Basti pensare ai meccanismi gerarchici, in cui l'obiettivo primario è quello di garantirsi fondi e, per chi fa ricerca, non rimanere sul lastrico e riuscire a portare dei risultati, anche andando a macchiare poi il nome di quel determinato studio.

Ed è qualcosa che non stupisce, il meccanismo è talmente oliato e malato che è ormai consuetudine.

Vi lascio a proposito le dichiarazioni di un premio Nobel per la medicina, che dovrebbe quindi rappresentare un' eccellenza nel suo campo; parliamo di persone che hanno fatto qualcosa nel mondo accademico secondo i canoni del mondo accademico. Parole che sono finite nel dimenticatoio: ormai non ci resta nemmeno più l'elogio della periferia.

"La scienza è a rischio: non è più affidabile perché in mano a una casta chiusa e tutt'altro che indipendente. Pubblicano in base all'appeal mediatico di uno studio, piuttosto che alla sua reale rilevanza scientifica. Da parte loro, visto il prestigio, i ricercatori sono disposti a tutto, anche a modificare i risultati dei loro lavori, pur di ottenere una pubblicazione".

"La tentazione di vedere i propri lavori pubblicati su quelle riviste spinge i ricercatori ad aggiustare i risultati, per renderli più accattivanti e alla moda. Tutto questo ovviamente a discapito di scoperte magari meno trendy ma più importanti e determinanti per il progresso". Non pago, Schekman attacca anche gli editori, che preferiscono pensare allo scoop piuttosto che al valore intrinseco di un lavoro. Come dire, prima i soldi poi la scienza.

"La scienza con le sue dichiarazioni è un' autorità in grado di influenzare le scelte di governi e istituzioni, e se è manipolabile da parte di chi detiene il comando delle principali testate scientifiche, è automaticamente vero che le affermazioni su temi sensibili possono essere orientate in base alle convenienze dei governi stessi o delle istituzioni".

Queste sono parole di quasi 10 anni fa, eppure Randy Schekman ha colto nel segno: sembrano così attuali che potrei averle ascoltate al tg del pranzo. Ma notizie del genere possono trovare lo spazio che meritano all'interno del palinsesto televisivo?

John P. A. Ioannidis (medico-scienziato che ha contribuito alla letteratura in medicina, epidemiologia e salute pubblica, scienza dei dati e ricerca clinica) ha pubblicato un articolo nel 2005 sul Public Library of Science con l'eloquente titolo *"Perché la maggior parte dei risultati di ricerca pubblicati sono falsi".* Sempre nello stesso anno Ioannidis ha analizzato 49 dei risultati di ricerca più apprezzati in medicina negli ultimi 13 anni scoprendo che, in analisi successive con campioni di analisi più ampi, solo il 44% di quei risultati è stato replicato, il 32% risultavano contraddetti o presentavano effetti minori.

Nel 2014 ha pubblicato un'altra ricerca che affronta come poter ottenere più pubblicazioni veritiere. Nelle premesse si stima che l'85% delle risorse di ricerca siano sprecate e si mette in luce il rischio di alti tassi di falsi positivi delle ricerche imputando il problema a una serie di fattori tra i quali ci sono i pregiudizi, i conflitti di interesse e mancanza di collaborazione.

Avrete già capito quanto mi piaccia raccontare delle storie: parliamo di quelle istituzioni che non sono davvero interessate alla salute, e capiamo perché siamo arrivati a parlare di "medicine alternative" come qualcosa da osteggiare. E' sempre stato così, da quando il modello biomedico si è imposto come unico depositario della verità. Andiamo agli inizi del 20esimo secolo.

Cosa è l' A.M.A?

E' l'associazione dei medici americana, quell'associazione alla quale il governo degli Stati Uniti nella prima parte del ventesimo secolo ha affidato l'incarico di gestire le licenze per le scuole di medicina negli USA.

Qual è stato il criterio per cui alcune scuole hanno ricevuto la licenza e altre no? E' merito del "**Flexner Report**" scritto nel 1910: se la tua scuola non rispecchia i criteri di questo reportage, non può più rimanere aperta. Era necessario che si arrivasse a degli elevati standard di competenza e scientificità per rimanere aperti.

A fine '800, la medicina non era come quella di adesso da un punto di vista formativo: esistevano università di **medicina omeopatica, di medicina eclettica, di naturopatia**. Insomma, ce n'era per tutti i gusti.

E questa libertà formativa diventa poi, nella pratica, più possibilità di scegliere come curarsi.

Le scuole che ottennero un punteggio più alto erano quelle legate alla farmacologia per come noi la intendiamo. E no, non andremo a parare su chi ha finanziato questo report (i soliti) ma andò così: *la tua scuola non rispecchia i parametri Flexner? Allora non può andare bene come modello educativo, ci spiace, niente fondi.*

Questa è la prima storiella.

> ## Fitzgerald Report to the US Congress 1953
>
> "My investigation to date should convince this committee that a conspiracy does exist to stop the free flow and use of drugs in interstate commerce which allegedly has solid therapeutic value. Public and private funds have been thrown around like confetti at a country fair to close up and destroy clinics, hospitals, and scientific research laboratories which do not conform to the viewpoint of medical associations."
>
> Benedict F. Fitzgerald, Jr., Special Counsel, US Senate Committee on Interstate and Foreign Commerce, 1953 [1]

Andiamo 50 anni in avanti.

Cosa venne fuori nel 1953? Il cosiddetto **Fitzgerald Report**, contenuto in un' appendice depositata agli atti al Congresso degli Stati Uniti. Ma a Benedict Fitzgerald perché gli è venuto in mente di indagare?

Proprio tre anni prima un senatore dichiarato ormai terminale dal modello biomedico è poi guarito attraverso terapie che non rispecchiavano lo "Standard of Cure".

Sarà stato un caso, o no? Eppure, ha permesso questa conclusione :

"La mia indagine fino ad oggi dovrebbe convincere questo comitato che una cospirazione esiste per fermare il flusso libero e l' uso libero di farmaci in commercio interstatale che presumibilmente ha un valore terapeutico solido. Fondi pubblici e privati sono stati gettati in giro come coriandoli in una fiera di paese per chiudere e distruggere le cliniche, ospedali e laboratori di ricerca scientifica non conformi dal punto di vista di associazioni mediche".

Questa è la seconda storia: il senso sembra chiaro. La medicina è una, quella che funziona secondo il modello biomedico. Altrimenti, deve essere perseguitata.

La terza e ultima storiella mi sembrava giusto ambientarla nel presente.

Quando si parla di omeopatia, non è facile non ricordare i grandi classici:
"Come il placebo!"
"Non ha basi scientifiche!"
"Una pseudoscienza"
"Acqua e zucchero"
"Non c'è principio attivo!"
"Zuccherini che costano centinaia di euro!!"

Quante volte li avete sentiti? Magari li avete letti con la voce di qualche conoscente che ve le ha sussurrate nel corso degli anni, vero? Classici e pop allo stesso tempo, un sempreverde della medicina.
Ma da dove arrivano?

Andiamo ad analizzare i due studi più famosi che hanno portato nel linguaggio comune queste espressioni.

Il primo, pubblicato il 27 Agosto del 2005 sul «**The Lancet**», un giornale nato nel 1800 grazie a degli studenti di medicina che volevano sovvertire lo status quo. Questo inciso può servire per rendere l'idea di quanto potente sia il meccanismo di questa società? Ad una certa, ti ingloba.

"LA FINE DELL'OMEOPATIA "
Titolo drammatico, questo editoriale del 2005.

Il lavoro di Shang, basato su 110 trial di comparazione tra medicina omeopatica e convenzionale, dimostrava come l'omeopatia non fosse migliore del placebo. Veniva definito come qualcosa di inutile, da buttare.
Ancora oggi, viene considerato il caposaldo degli studi che screditano l'omeopatia. Alcune parole di Silvio Garattini, risalenti ad un' intervista del 2015: "Ritengo che la parola conclusiva sia stata quella della rivista The Lancet, già nel 2005, con un editoriale celebre: The End of Homeopathy."

E, se lo dice lui, cosa potrebbe mai pensare il resto del mondo medico?

"Sono stati analizzati 110 studi di omeopatia e 110 studi di medicina convenzionale. La dimensione mediana dello studio era di 65 partecipanti (da 10 a 1573). Di questi, 21 studi di omeopatia e 9 studi di medicina convenzionale sono stati considerati di qualità superiore".

Qui arriva il primo tranello.

Vengono considerati validi per la conclusione 8 studi di omeopatia e 6 di medicina convenzionale, sulla base che gli studi più piccoli non avrebbero garantito equità. Una base non giustificata!

- Se avessero preso in considerazione la totalità degli studi di qualità superiore, il risultato sarebbe stato diverso.
- I medicinali omeopatici sono stati somministrati in maniera non individualizzata, tradendo uno dei principi clinici su cui si basa l'omeopatia.
- Se solo avessero cambiato uno degli 8 studi presi alla fine in considerazione, il risultato sarebbe stato diverso. Quindi, lo studio manca di sensibilità statistica.
- Nella prima pubblicazione sul Lancet non sono stati specificati quali studi sono stati presi in considerazione per la conclusione dell'articolo. Vi sembra un modo tipico di condurre uno studio e la relativa pubblicazione?

Ultimo, ma non meno importante, parliamo di uno studio ormai superato.

Una review sistematica del 2014 ha dimostrato come il medicinale omeopatico, individualizzato, è fino a 2 volte più efficace del placebo.

Quindi, non lo è.

Passiamo al secondo cavallo di battaglia, relativamente più recente. Un report pubblicato dall'"*Australian National Health and Medical Research Council*" nel marzo del 2015.

Con questo report, apriti cielo!

"Non ci sono condizioni di salute per le quali l'omeopatia sia efficace" così concludevano.

Anche qui, scalpore mondiale col Guardian a tuonare *"L'omeopatia non ha alcun senso, dicono gli studi."*

Non so davvero da dove iniziare, è una faccenda grottesca.

Diciamo che prima di arrivare alla pubblicazione del report ne era stato fatto un altro. Lo sapevate? Prima del report del 2015, ne è stato realizzato uno nel 2012.

E i risultati non erano proprio quelli che si aspettavano!

Dove sta l'inganno?

Non è mai stato rivelato ma è successo grazie ad una richiesta al FOIA. Qualcosa che ricorda lo studio 329 sulla paroxetina. Non ci piace uno studio? Non ve lo mostriamo: non è insolito, parliamo di una prassi nel mondo delle aziende farmaceutiche!

Si chiamava A Systematic Review of the Evidence on the Effectiveness of Homeopathy', e non è mai stato rivelato perché, secondo l'associazione, lo studio non era di buon livello.

Purtroppo per loro grazie al **FOIA** è venuta fuori questa mail di uno dei revisori del primo report, che era soddisfatto della maniera in cui era stato portato avanti.

Vogliamo aggiungere che il responsabile della commissione del secondo report era con un bel conflitto di interesse?

Questa associazione è dichiaratamente anti-omeopatia, e ci troviamo in una bella situazione di conflitto di interesse. Come è possibile che un medico di questa associazione debba proprio compilare un report sull'efficacia dell'omeopatia? Pensate che, secondo le stesse linee guida della NHMRC, non sarebbe stata possibile una cosa del genere! Inizialmente, Brooks non scrive di far parte di "Friends of Science in Medicine".

In un secondo momento aggiorna il suo documento, e l'associazione australiana non prende nessun provvedimento.

In questo report viene fatta una cosa che non era mai stata fatta in precedenza. Una volta che sono stati presi in considerazione 176 studi, 171 vengono rigettati. Su 61 condizioni analizzate trattate con l'omeopatia, 36 vengono considerate nulle in partenza e già prive di efficacia, perché non c'erano studi a disposizione.

La domanda sorge spontanea: Perché hanno tagliato quasi tutto?
Il numero dei partecipanti era inferiore a 150.

E questo lo scrivono solo due volte, nell'Appendix C a p.35 e in un'altra Appendice a pagina 275. Non ci spiegano chiaramente il perché, ma per giustezza lo scrivono due volte quasi in maniera trascurabile.

Vogliamo pensare in buona fede? Beh, magari di prassi tendono a non analizzare studi con pochi partecipanti!
Peccato che la **NHMRC** avesse già finanziato diversi studi con meno di 150 partecipanti.

Un taglio arbitrario su un argomento che non doveva e non avrebbe dovuto lasciare spazio a dubbi.

Giusto per portare un'altra testimonianza su come il modello biomedico tenda a screditare gli altri: nel 1994, su **Pediatrics** (mica fagiolini) viene pubblicato uno **studio della Jacobs** sul trattamento per la diarrea utilizzando rimedi omeopatici.

Questo studio aveva 81 partecipanti: un numero importante per ribadire come quello scelto dall'associazione australiana sia un parametro assurdo, e per far vedere che ci sono studi su riviste importanti che validano l'omeopatia!

Insomma, *"la fine dell'omeopatia"* e il suo diretto discendente sono l'uno peggio dell'altro. Screditare una forma di medicina praticata da più di 200 anni, che colleziona successi clinici ed esperienze positive in giro per il mondo. Sono milioni gli italiani che ne fanno uso, in alcuni stati viene equiparata tranquillamente alla medicina convenzionale.

Pensate che a Cuba, durante un' epidemia di leptospirosi, per la mancanza del vaccino, è stata fatta *omeoprofilassi*! Nell'Ottobre-Novembre 2007, due milioni e mezzo di persone residenti in tre province della parte orientale di Cuba, colpite da piogge torrenziali con inondazioni in aree estese e danni gravi al sistema fognario e alla rete di strutture sanitarie, hanno ricevuto a scopo profilattico due dosi di un medicinale omeopatico preparato da ceppi di *leptospira*. Il 95% della popolazione residente (due milioni e quattro su 2 milioni e mezzo) è stata trattata (quindi non solo i gruppi a rischio). Il costo della campagna per i circa 5 milioni di dosi preparate è stato di 200.000 dollari USA, cioè 15 volte in meno del costo sostenuto per la profilassi vaccinale di una piccola parte della popolazione.

Cito direttamente la conclusione di uno studio al riguardo:

"L'approccio con l'omeoprofilassi è stato associato con una larga riduzione dell'incidenza della malattia e di controllo dell'epidemia. I risultati suggeriscono che l'omeopatia sia uno strumento utile per controllare le epidemie."

Non per screditare la medicina convenzionale o elevare l'omeopatia, ma le critiche vanno bene quando sono costruttive. Quando invece si vuole a forza screditare un altro modo di intendere la medicina, tra l'altro facendolo davvero con i piedi, è chiaro che finisci dalla parte del torto.

Modelli medici a confronto: alternativi a cosa?

Per molti anni, credevo che fosse tutto sommato corretto chiamarle medicine alternative, medicine integrate, medicine complementari.

Considerate dunque come qualcosa di complementare, non di primario. Qualcosa che viene dopo, di secondario, che integra ma non è fondamentale. Si gioca con le parole per mantenere di fatto la supremazia della medicina basata sull'evidenza.

Immaginiamo che la medicina in cui viviamo abbia radici antiche e consolidate: niente di più sbagliato.

La EBM nasce ufficialmente nel 1992, nemmeno 30 anni fa.

Un editoriale pubblicato sul JAMA da un certo Guyatt, niente di più e niente di meno. Certo, la gestazione attraversa tutto il ventesimo secolo, l'epoca in cui la medicina occidentale si struttura solidamente nel modello biomedico che oggi conosciamo.

Perché chiamare alternativa la medicina cinese? Perché parlare di Ayurveda come complementare?

A questo punto partiamo con la definizione di **modello medico.**

Definiamolo come quel processo schematico attraverso il quale il medico si prefissa di portare alla guarigione il paziente. Nella storia della medicina occidentale siamo partiti da cause che non si vedevano (demoni, punizioni divine) e siamo arrivati al punto in cui è strettamente necessaria l'evidenza clinica (medicina basata sull'evidenza).

In altre parole, si è andati da una componente esclusivamente spirituale ad una esclusivamente materiale.

Possiamo considerare questi due aspetti come gli estremi opposti della medaglia?

Il modello biomedico si basa su capisaldi cartesiani: res cogitans e res extensa sono due cose distinte e separate. La peculiarità dell'essere umano è il raziocinio, "cogito ergo sum", e il corpo è un oggetto da curare. Questo possiamo evincere dalle parole del filosofo francese.

E' una macchina che necessita del meccanico. Si identifica la malattia, si prestabilisce un percorso di cura attraverso un metodo scientifico. Passano gli anni, gli strumenti a disposizione aumentano, il divario fra mente e corpo si fa sempre più ampio. Non è un caso se negli ultimi anni sentiamo sempre più spesso parlare di salute mentale: è bellissimo, è importante. Spero che però non ci dimenticheremo, alla fine, che separare la salute mentale da quella fisica non può funzionare.

Da un modello "semplicemente" paternalistico, in cui il medico decide diagnostica e cura, siamo arrivati ad un modello biomedico consumistico, in cui il paziente, avendo a disposizione più informazioni, decide il trattamento ed il medico si limita a prescrivere. Oppure, il medico prescrive esami "difensivi" per la paura di incorrere in sanzioni; oppure, prescrive farmaci sostanzialmente inutili.

Viene meno il rapporto fondamentale fra medico e paziente, e tante grazie alle aziende farmaceutiche: il paziente è al centro, ma solo per essere bombardato da decine di farmaci diversi. Il problema delle politerapie è reale ed è sottostimato: sono fin troppe le persone, soprattutto over60, che prendono più di un farmaco.

Questo succede grazie all'esistenza dei protocolli, che hanno trasformato il medico in un mero tecnico: per la malattia X servirà il farmaco X.

Andando da un altro specialista, il paziente avrà la malattia Y e prenderà il farmaco Y.

A fine giornata, una sacca di farmaci lunga quanto l' alfabeto.

E ritorniamo sempre al discorso di prima, a come nel passare degli anni la medicina sia diventata sempre più tecnica e meno antropologica. Sempre più interessata al minimo dettaglio, sempre meno interessata al quadro generale. Ma non penso che questo risultato sia figlio di un disinteresse verso la parte antropologica della medicina; semplicemente, in questo modello, non c'è spazio per l' aspetto antropologico.

Se ancora adesso possiamo parlare dei medici, non è merito della formazione tecnica ricevuta.

Se la medicina diventa un' applicazione di protocolli formati dalle scienze dure, e il medico diventa un semplice tecnico, l'aspetto non biologico della malattia non esiste più. Non è misurabile e ha un' esagerata variabilità interindividuale.

Possiamo parlare dei due aspetti della medicina: quello tecnico e quello antropologico.

L'aspetto tecnico si riflette nei modus operandi del medico nella ricerca della malattia: sintomi, segni, diagnosi e terapia.

L'aspetto antropologico si riflette nelle parti non strettamente biologiche, ed è anche definito la parte variabile della medicina, mentre quella tecnica rimane costante.

Variabile perché usi e costumi cambiano nel corso del tempo e si riferiscono ad un oggetto che è in realtà un soggetto.
La ricerca della malattia ha sempre considerato agenti via via più piccoli.

Siamo passati dagli apparati agli organi, alle cellule e ai singoli geni. E pretendiamo che la medicina del futuro possa attingere a queste conoscenze per modificare il corredo genetico di ciascuno di noi, per guarirci dalle malattie.

Ma è questo la medicina?
Una medicina che fraziona non può che essere soltanto a sua volta una frazione di qualcosa di più grande che ne dite?

Pensiero critico al bando: botta e risposta con dei filosofi

Mi ha fatto molto riflettere quello che è successo nel dicembre scorso a *Giorgio Agamben*: è stato prodotto da più di 100 filosofi un documento con l'obiettivo di screditarlo.

Ho immaginato un botta e risposta come si faceva una volta, tra me e le obiezioni di questo gruppo di "filosofi":

Come filosofi e intellettuali italiani, manifestiamo il nostro senso di disorientamento di fronte al fatto che nella discussione pubblica su temi come la **vaccinazione** anti-Covid19 e l'istituzione del **Green Pass**, il contributo della filosofia venga esaurito da pensatori come *Giorgio Agamben*, ed eventualmente alcuni colleghi i quali rappresentano invece soltanto il loro punto di vista su questi temi. Riteniamo che sia importante dissociarsi dalle opinioni di *Agamben* (e colleghi) almeno sui seguenti punti:

*Come **scemo qualunque post-intellettuale**, manifesto enorme sconforto nel notare come **il contributo della filosofia valga soltanto quando è quella giusta, fatta dai giusti**. I quali, ovviamente, rappresentano il punto di vista Divino sull'argomento.*

100 vs 1? Bullismo istituzionalizzato praticamente, ma non è una novità.

1. *Il contributo della filosofia nei confronti della scienza.* Sebbene la filosofia debba certamente assumere un ruolo critico in relazione alla scienza, questo ruolo critico non può mancare di rispettare i risultati scientifici riportandoli non correttamente. Per esempio è falso sostenere, come ha fatto Agamben nell'audizione di qualche giorno fa al Senato, che i vaccini anti-Covid19 siano in una fase sperimentale: sono stati testati.

*Ribadire come questi dispositivi medici siano in **fase di sperimentazione fino al 2023** sembra superfluo, e anzi aggiungo che non sarebbe necessario ricordarlo. **La filosofia deve avere un occhio critico, ma non sui "risultati scientifici". Ma la domanda che un filosofo potrebbe chiedersi è: "secondo chi?"** Quali sono questi risultati? Chi ce li porta all'attenzione? Serve essere filosofi per non rendersi conto di come l'industria farmaceutica abbia in mano l'intero settore farmacologico, agendo a suo piacimento proprio sui risultati?*

Il rispetto, prima di tutto.

2. *La relazione dello Stato nei confronti dei cittadini.* È improprio sostenere che ci troviamo in un'epoca in cui l'eccezionalità è diventata la regola e che l'obiettivo sia il controllo dello Stato sulla cittadinanza, sul modello di quanto fatto da forme di dispotismo come quello sovietico. Siamo di fronte a un'**emergenza sanitaria** che non ha nulla a che fare con altre forme di emergenza (come la lotta al terrorismo). Tale emergenza richiede procedure che sempre sono state adottate in questi casi a tutela degli **interessi della comunità**: si pensi alla vaccinazione di massa svolta ai tempi del colera – 1973 – a Napoli.

*Un' emergenza sanitaria giustifica misure del genere. Poi sarà il turno di emergenze energetiche? Poi sarà il turno delle emergenze climatiche? In Italia, o filosofi dalla corta memoria, abbiamo avuto Gladio, il progetto SOLO, le stragi di Stato. Il nemico è stato il comunismo, poi il terrorismo, e poi? Come minacce fisiche praticamente sono rimasti soltanto gli alieni: è così improprio azzardare l'idea che questa sia soltanto **una versione 2.0 della strategia della tensione?***

Procedure sempre adottate: il sempre è davvero una parola molto pesante, non trovate? Implica che lungo tutta la storia dell'umanità, ma diciamo pure dagli inizi del XX secolo, ogni campagna vaccinale- figlia degli interessi della comunità- sia stata accompagnata da una sistematica esclusione dalla vita sociale e dal lavoro per quelle persone che sceglievano di non vaccinarsi?

E da filosofi, come dite anche voi critici sulla scienza, come è possibile considerare questa medicina come se fosse l'unica possibile e l'unica realizzabile? L'unica meritevole di definirsi tale?

3. *La pretesa discriminazione tra cittadini.* Contro quanto sostenuto negli stessi contesti da Agamben, che ha impropriamente e offensivamente paragonato l'adozione del Green Pass all'istituzione delle leggi razziali contro la popolazione di origine ebraica nel 1938, tale adozione non induce **nessuna discriminazione** tra classi di cittadini, avendo come suo scopo semplicemente la protezione della società nel suo complesso, riducendo la possibilità di contagio nell'incentivare le vaccinazioni. Sostenere il contrario sarebbe come sostenere che l'istituzione della patente di guida, fatta per limitare il più possibile il numero e l'entità degli incidenti stradali, determini una distinzione tra cittadini di serie A e cittadini di serie B.

*Nel 1938, le motivazioni scientifiche erano tra le principali, non lo sapete? Avete mai sentito parlare di **eugenetica**? Una vera specialità medica, con riviste e convegni in tutto il mondo! Si diffonde a macchia d'olio dagli Stati Uniti, fino a giungere in Europa: in Germania verrà toccato il punto peggiore. Ma **c'era un buon motivo**: preservare i buoni esseri umani, che avrebbero fatto progredire la società! Lo scopo di escludere e poi terminare persone diverse era* **semplicemente quello di proteggere la società nel suo complesso, per ridurre la possibilità che persone scadenti potessero riprodursi e garantire quindi soltanto il meglio.**

Quando si mettono a paragone due elementi, tanto più questi due sono lontani tra loro come campo d'applicazione, tanto meno forza avrà il risultato: non c'è altro da aggiungere.

4. *La pretesa repressione della libertà individuale.* L'istituzione del Green Pass non comporta nessuna repressione della libertà individuale, essendo una condizione arcinota nelle comunità sociali che la libertà di una persona finisce quando lede la **libertà di un' altra** o le reca danno. Sostenere il contrario sarebbe ancora una volta equivalente a sostenere che l'adozione di regole di circolazione sia lesiva della libertà di movimento individuale.

La webstar italica degli ultimi anni ha fatto furore, a parlare di cinture di sicurezza, incroci e semafori. Repetita iuvant: quando si mettono a paragone due elementi, tanto più questi due sono lontani tra loro come campo d'applicazione, tanto meno forza avrà il risultato e aggiungo che immaginare tutto sotto una metafora automobilistica, meccanica, tradisce l'ideologia riduzionista che sta dietro a queste parole.

Condizione arcinota a chi? Comunità sociali di che tipo, basate su quali valori? *Sui vostri, ovviamente. Ma non lo specificate. Avrei gradito non so, una* **definizione di libertà?**
Come si applica questa al mondo della salute? Cosa vuol dire medicina?

Un discorso serio andrebbe analizzato, da parte di illustri professionisti professori, e sviscerato nella sua interezza per cercare di arrivare a capire qualcosa di più, per evitare di ricadere in tremendi slogan governativi.

Questo si riflette, in modi diversi, anche a livello medico.

Esponi perplessità e dubbi su alcuni trattamenti farmacologici? Non puoi essere tollerato. E questo succede perché stai rinnegando gli stessi predicati di verità del modello biomedico supportato dall'industria farmaceutica. Come dicevo prima, è anche una questione di spazi e linguaggi: di conseguenza, l'ordine dei medici risponde in maniera abbastanza coerente. Sospensione e radiazione perché "un medico che non crede alle vaccinazioni è come un prete che non crede in Dio".

Qui, lettori e lettrici, emerge un'altra piccola ma significativa qualità di questo modello medico: si tinge di religiosità. Vaccinarsi diventa un dovere morale, chi non lo fa non merita la salvezza.

Condivido le parole di un Direttore Sanitario dirette ad un medico sospeso:

"Le ricordo che il comportamento del medico curante, a cui il paziente si riferisce con fiducia, può ingenerare allarme, in particolar modo in settori delicati come il campo vaccinazioni in cui l'investimento della sanità pubblica è preponderante, fino ad indurre i pazienti alla perdita della fiducia e della credibilità nei servizi sanitari."

Probabilmente, **questo DS vive fuori dal mondo,** ma viene ancora una volta portata avanti la dinamica "è colpa del singolo". Esattamente, **cosa hanno fatto le autorità sanitarie per meritarsi la fiducia?** Sono le parole di un medico di medicina generale a indurre la perdita di credibilità?

Come dicevo all'inizio, non è tanto importante la veridicità di quello che si dice, ma basta semplicemente dirlo per scatenare un polverone. Sui vaccini poi, basta pochissimo. Da anni si parla di abolire l'ordine o di crearne uno nuovo, senza vincoli, non mi sembra si stia davvero facendo qualcosa. Ma tanto, anche queste, sono parole al vento.

E allora non ti curare!

Prima di scendere nel dettaglio e parlare un po' di quello che è successo negli ultimi due anni, volevo condividere con voi una riflessione su questa magica frase. Sei contrario alle vaccinazioni? Allora pagati la terapia intensiva! Sei contrario alla sperimentazione animale? E allora usa la lattuga per curarti!

La società del tutto e subito.
La società dell'adesso o mai più.
La società dell'estrema polarizzazione.

Cosa vuol dire *"e allora non ti curare"*?

C'è un mondo dietro queste diciotto lettere, nove consonanti e nove vocali che racchiudono l'essenza della società in cui viviamo oggi.

Un mondo che si dichiara democratico, e poi te lo ritrovi **fascista**.

Un **mondo** che si dichiara inclusivo, e poi te lo ritrovi estremamente **fobico delle diversità**.

Un **mondo** che si nasconde dietro una maschera e un trucco, patinato e sorridente: dietro la schiena ci sono soltanto coltelli.

Un **mondo** che si erge come libero, ma **se non ti omologhi sei destinato all' emarginazione.**

Questo lo voglio ripetere: se non ti conformi, sei sistematicamente destinato all'emarginazione.

Quanto viene da ridere se penso ai *"novax che c'hanno un giro di soldi infinito"*: finire pubblicamente alla gogna, perdere la licenza professionale, deriso da milioni e milioni di persone. Non trovi finanziamenti, però i soldi proprio fioccano a destra e sinistra. *Come no.*

Per essere quello che vuoi, devi rinunciare a quello che sei.

Parliamo di un paradosso parossistico, esasperato, che porta all' esasperazione. Non esiste equilibrio, non esiste confronto, esiste soltanto **io ho ragione e tu sei merda, se non la pensi così.**

E stiamo dando soltanto uno sguardo settoriale al mondo della medicina! Proviamo ad ampliarlo?

"Sai, penso che la tecnologia sia causa di sfruttamento della terra e delle persone, in troppi soffrono e non mi sembra giusto!"
"Ah, e allora non usare il pc!"

"Penso che la società sia sistematicamente legata a fenomeni di prevaricazione, dominio di una persona sull'altra, insomma non mi sembra giusto!"
"Ah, e allora vattene a fare l'eremita!"

"Forse dovremmo riconsiderare il ruolo delle città e delle macchine, potremmo potenziare i quartieri e rendere le città più a misura d'uomo e usare più i mezzi pubblici le bici o le passeggiate, insomma c'è qualcosa di sbagliato!"
"Ah e allora vattene in campagna!"

"Il ruolo del medico/avvocato/architetto legato all'iscrizione ad un ordine privato professionale nega la libertà d'azione e impedisce di comportarsi secondo coscienza".
"E allora hai sbagliato lavoro!"

Se provi anche soltanto a deviare dalla norma, vieni zittito. Lo posso capire, un meccanismo di difesa. Magari stanno pensando consciamente che le nostre siano stupidaggini, inconsciamente ci vedo soltanto tanta tanta paura. Più è forte la paura, maggiore sarà la reazione dell'interlocutore.

Nessun pragmatismo

Sarebbe facile dire: ok, non mi curo. D'altronde pago le tasse e il servizio corrisposto è spesso e volentieri carente, tanto da dovermi rivolgere a cliniche private. Per non parlare della malasanità e della corruzione!

Sarebbe facile dire: ok, smetto di prendere farmaci di sintesi. D'altronde è già dimostrato come non funzionino tutti allo stesso modo, diversamente per ogni persona, considerato che sono dei tamponatori di segni che avremmo potuto evitare. Per dirne un'altra soltanto, la mortalità del morbillo è scesa del 99% prima dell'avvento delle vaccinazioni. Ma la favola delle vaccinazioni che ci hanno salvato dal morbillo continua oggi e non smetterà. Ci sta, la propaganda deve fare questo e lo capisco.

Per tornare al discorso di prima, **non sono scelte così facili**. Non siamo tutti uguali, veniamo da background diversi. C'è chi può permettersi ad esempio soltanto il servizio pubblico, c'è chi ottiene dei risultati attraverso l'uso dei farmaci di sintesi.

Per cui, queste risposte possono non valere per tutti e tutte.

Sarebbe bello rispondere per le rime: se non mi vaccino non mi curi? Bene, allora chi sostiene uno stile di vita malsano non ha diritto alle cure! *Fumi? Eh, allora rinunci al SSN, bello mio!*

Ma non è così bello: personalmente non sono interessato ad una società perfetta nella quale nessuno fuma, tutti si allenano 3 volte a settimana e prendono nutrimento dal mondo vegetale. Soprattutto, **ognuno decide sul proprio corpo.**
E non osate nemmeno dire che se non ti vaccini invece decidi anche per gli altri!

Se ti vaccini, a lungo termine potresti soffrire di condizioni autoimmuni. Sai che costo per la sanità?

Per analogia, altre categorie - e mi dispiace etichettare ma così ci spieghiamo veloci - come i fumatori, le persone sovrappeso, i sedentari, chi butta le carte per terra, chi non rispetta le altre persone, tutte e dico tutte queste categorie influenzano la vita della comunità.

Suonare il clacson sembra una cosa minore, ma non lo è.

Quindi **di base c'è un problema di ipocrisia,** a media distanza un problema di **lungimiranza,** a lungo raggio l'**ignoranza** che miete vittime di continuo.

....Eh si, ma alla fine ti vaccini o no?!

Come sempre, parole al vento

Cosa è successo negli ultimi trenta mesi

Andrà tutto bene.
Erano due settimane, sono diventati 30 mesi.
Prima i tamponi soltanto ai sintomatici, poi è diventata una vera e propria caccia al positivo. Scordandosi che essere positivi non vuol dire essere malati. E' stata scelta questa linea non per caso. Perché viviamo in una società della delega altamente medicalizzata, il cui scopo è quello di ricercare la malattia. Con i numeri a disposizione avremmo potuto tranquillamente scegliere, perlomeno da un punto di vista politico, altre strade: la scienza è un costrutto sociale e comunque i suoi risultati vanno sempre analizzati nel contesto. Sappiamo della mediana delle morti, della bassa letalità, della difficoltà di trasmissione negli spazi aperti, delle scuole come un non luogo di contagi (di conseguenza questo dovrebbe aprire perlomeno discussioni negli altri spazi al chiuso). I 4 miliardi di euro investiti nella ricerca del malato attraverso i tamponi, strumento singolarmente mai diagnostico, potevano essere investiti nel migliorare la sanità pubblica, la medicina territoriale, per sponsorizzare campagne pubblicitarie che spronassero le persone a migliorare il proprio stile di vita e quindi vivere in una società che ricerca la salute. Non è successo mica per mancanza di volontà, ma perché le basi di questa società sono diverse. Acquistare milioni e milioni di dosi non vuole assolutamente dire preoccuparsi per la salute dei propri cittadini: è una delle politiche a minor impatto sanitario, affinché si possano rimpolpare le casse delle industrie senza effettivamente migliorare la qualità dei servizi territoriali.

In questi paragrafi parleremo di Big Pharma, dell'Organizzazione Mondiale della Sanità, del ruolo dei social, della comunità scientifica, del senso che diamo alla morte, di vaccinovigilanza e di Green Pass.

Penso sia necessario farlo per garantire la complessità delle informazioni. spezzettare i pensieri e concentrarsi su un singolo argomento può essere utile come può allo stesso tempo impedire di avere un quadro generale.

Quali sono le cose da dire in una situazione del genere? Qual è il *primum movens* da cui è partito tutto? Non mi piace limitarmi al binarismo, al trovare un singolo colpevole. Queste due situazioni portano alla polarizzazione, alla ricerca di un nemico: insomma, il binarismo fa il gioco del potere.

Penso che si possa analizzare il momento in cui stiamo vivendo sotto diverse prospettive, a diversi gradi di profondità. *Tenendo sempre presente che non c'è nessun grado di separazione.*

Abbiamo una motivazione economica, una scientifica, una geografica e una psicosociale.

Si è sempre detto *segui i soldi*. Perché seguendoli puoi capire quali sono gli interessi dietro ciò che avviene nel mondo. E direi che quando si seguono i soldi, difficilmente si sbaglia.

"Voleva essere un modo per colpire l'Italia, voleva essere un modo per bloccare l'economia cinese, voleva essere un modo per favorire la Germania".

Ecco perché ripeto che non è mai una singola responsabilità, cerchiamo piuttosto di guardare l'insieme, anche queste frasi possono essere analizzate.

Ogni Stato, considerato come macchina di produttività, avrà ripercussioni negative da un punto di vista economico e sociale, perché sono tutti legati tra di loro, tra importazioni ed esportazioni di beni e capitali, ovviamente anche umani. Si, è anche possibile che ci sia qualche autorità in grado di guadagnarci qualcosa da questa situazione, non lo escludo mica. Bisogna però sempre chiedersi con quali occhi stiamo osservando la situazione. Qual è il nostro spazio, quindi il nostro vissuto. Qual è la nostra visione di scienza, salute e malattia. Qual è la nostra visione del mondo.

Detto questo, ci saranno e ci sono delle persone che avranno grossi introiti, che sfruttano *bond et similia* per guadagnare sulla malattia e sulla morte. Non è certo una novità, è già stato fatto in passato. Lo abbiamo visto con Ebola, lo stiamo vedendo con questo.
Che l'OMS sia gestita fondamentalmente da privati che svolgono il loro interesse, è cosa altrettanto nota. Quindi sì, ci sono assolutamente interessi economici sulla famigerata questione Coronavirus.

Ma voglio pensare, parere personale, che sia la visione più superficiale. Non perché banale e ridondante ma perché, per quanto possano essere ricchi, alla fine non si porteranno niente con loro.

La geografia del potere

Ognuno di noi vive uno spazio diverso e in base a quello spazio forma il proprio carattere.

Ecco, geograficamente possiamo distinguere zone centrali e zone periferiche. La narrazione è pesantemente influenzata dalla geografia: la visione dei fatti cambia dalla Cina all'Italia, e viceversa. Noi da qui immaginiamo l'Europa o meglio, il mondo industrializzato, come centrale mentre tutto il resto è periferico.

Non solo, i problemi del margine diventano un *vero problema* esclusivamente quando riguardano anche il centro.

Sui media troviamo notizie su notizie pregne di parole sull'epidemia del momento, mentre fino al momento in cui il problema non ci riguardava direttamente si tendeva a parlare d'altro o a minimizzare ciò che stava succedendo dall'altro lato del mondo.
Ed è qualcosa che in questo momento avviene con altri problemi sanitari: tumori, malattie del benessere, morti per inquinamento.

Quando vediamo qualcosa come lontano, anche il relativo pericolo viene percepito in maniera minore o quantomeno differente.

E non ne parliamo: geograficamente i colpevoli siamo noi.

Non c'è un virus da combattere, un particolare territorio da cui essere terrorizzati: non c'è il nemico, non c'è la polarizzazione, non c'è narrativa.

Una *scientificità soggettiva*, per cui alcuni problemi sono più drammatici di altri semplicemente per il fatto che siamo in grado di puntare il dito contro qualcuno diverso da noi, qualcosa che non è nel nostro spazio. Stupefacente, se vogliamo, è la nostra capacità di eludere noi stessi:

pensiamo alla maniera in cui siamo noi a trattare la terra, pensiamo alla maniera in cui trattiamo gli altri animali e ogni territorio del pianeta, alla plastica e all'acidificazione degli oceani; alla perdita di habitat, all'estinzione della maggioranza delle specie animali presenti sul pianeta.

Esistono poi sub-zone geografiche: anche il centro ha il suo margine. Se per la narrativa principale, per lo scienziato che sta al centro, c'è da spaventarsi e tutto viene chiuso per precauzione e i morti si accumulano senza l'etichetta, non è così per lo scienziato che sta al margine. Qualcuno che ha rifiutato il centro, pur appartenendo al centro. Quelli che hanno scelto il margine, cercano di tranquillizzare la popolazione e ricordano che i morti soprattutto sono legati a patologie precedenti e preponderanti. Persone all'interno dello stesso cerchio che però rifiutano di aderire alla propaganda.

Ed è molto difficile che le persone marginali del centro riescano ad influenzare chi invece nel centro ci sguazza.

Al contrario invece avviene molto più spesso, con il centro che sfrutta e opprime il margine.

Arrivano le note dolenti.

Fino a questo momento la scienza è sempre stata il braccio destro del potere temporale, qualcosa che è stata utilizzata in vari periodi della storia per legittimare il dominio. Non esiste e non è mai esistita una comunità scientifica, al massimo parliamo di un paradigma temporaneo che vive nell'attesa di essere confutato.

Mi soffermo brevemente sulla *analisi medico-scientifica del Coronavirus*, lo hanno fatto già in tanti. *Nel frattempo, assumiamo un po' di Vitamina C.* Sappiamo che in Italia la quasi totalità dei decessi è legata a persone oltre gli 81 anni di età con patologie in corso, e che al momento quello che sembra più preoccupante, per le nostre autorità, è la volontà di impedire i contagi soprattutto perché la sanità pubblica è a pezzi e non ci sarebbero eventualmente abbastanza posti letto.

Ecco che poi si fondono le motivazioni, ognuna di loro è un filo intrecciato con le altre e alla fine quello che ci resta è un gomitolo

Ci tengo poi a sottolineare che il tampone non viene fatto a tutti in caso di influenza, e la quasi totalità dei positivi è asintomatica. Aggiungiamo anche il fatto che i ricoverati si bevono un cocktail farmacologico davvero non indifferente, tra retrovirali e antibiotici. Detto questo, non è compito mio minimizzare o tantomeno portare in ebollizione la paura latente che vive dentro di noi grazie alla società in cui viviamo.

Curioso poi il comunicato della Boiron, nota azienda di farmaci omeopatici: in soldoni, "affidiamoci alla Medicina Ufficiale!"
Antipasto di un futuro poco radioso?

Il collegamento corpo-mente-spirito si è sempre saputo, anche se empiricamente. Ormai, grazie alla PNEI, anche i meccanismi fisiologici sono usciti allo scoperto. Dall'altro lato, mi sento più vicino a Bechamp che a Pasteur: è il terreno che condiziona e influisce sulla possibilità di ammalarsi.

Piovono letteralmente miliardi di microrganismi dal cielo, e altrettanto letteralmente noi siamo più batteri che cellule umane.

La malattia è un gioco di probabilità

Ricordiamoci, ma senza darci troppo peso, che tutto questo è composto da un mucchio di atomi che sbattono tra loro, e prima o poi torneremo ad essere quello che eravamo prima

Non per questo bisogna fregarsene, però un bel respiro può aiutare.

Le parole iniziali del paragrafo precedente parlavano praticamente di una dicotomia, una separazione tra la politica e la scienza, dove la seconda veniva appunto utilizzato come strumento per legittimarsi.

Che l'emergenza attuale sia un cavallo di Troia per superare tale separazione?

Abbiamo visto che in effetti è stata effettuata una simulazione di pandemia, proprio a partire da un Coronavirus, grazie ai fondi della Bill&Melinda Gates Foundation. Sappiamo che alcune persone guadagnano da questa situazione. Ci sono delle persone che non hanno mai potuto letteralmente lasciare i loro comuni, ormai spenti e militarizzati. E vediamo poi le trasformazioni di questa narrativa all'interno del nostro tessuto sociale, e come questa narrativa sia influenzata dallo spazio. *Come dicevo, un gomitolo.*

Italia ' laboratorio apripista mondiale delle vaccinazioni' qualche anno fa, sulla base del nulla. Adesso così, perchè non pensare a questa soluzione? Avete mai sentito parlare di Psychopass?

Diciamo che è una distopica risoluzione della situazione? Un esempio del superamento di questa dicotomia? L'arrivo sulle nostre tavole e sui banchi del supermercato della tecnocrazia scientifica?

Questo *anime*, **Psycho-pass: un mondo letteralmente dominato dalla tecnocrazia scientifica.** Le macchine che decidono chi entra e chi esce dal paese, le persone che eseguono ordini da una scienza immanente e ormai computerizzata, dove il controllo lungo le strade è totale e basta deviare un minimo dalla norma per essere etichettati come malati e, **se rifiuti le cure che sono obbligatorie**, ecco che arriva la **detenzione** e poi anche la **morte**, se necessario.

Tutti i cittadini sono controllati, ed è un algoritmo privo di sensibilità che governa la tua vita, dove la libertà è soltanto qualcosa di apparente.

Abbiamo tutti gli **ingredienti**: la *paura del diverso, l'abbandono alle parole delle istituzioni sanitarie, la politica che finalmente si mette ai piedi della scienza. Una scienza che è quella unica, quella centrale, quella che funziona.*

Bisogna resistere da questa idea, e tentare di decostruirla.

Come dicevo all'inizio, **non c'è nessun grado di separazione.**

PS : Mentre qui tentiamo di discutere cosa c'è dietro al Coronavirus, nel resto del mondo ci sono le guerre, combattute con le armi e non, ogni anno mezzo milione di persone muore di malaria soltanto in Africa, un miliardo di umani non ha accesso all'energia elettrica e all'acqua potabile, e ogni secondo migliaia di animali vengono uccisi senza motivo.

E questo ve lo riassumo così: il problema è **la dinamica del dominio.**
Che poi può manifestarsi in tante forme, e colpire tutti noi.
Ed è quella da cui dobbiamo difenderci, quella che dobbiamo combattere.

Per cui al massimo propongo questo: nonostante le paure e le diffidenze, **non smettiamo di avere fiducia nel prossimo e portiamo con noi sempre una grande dose di rispetto, verso tutti.**

Chi finanzia l'OMS?

Possiamo davvero sostenere che l'Organizzazione Mondiale della Sanità sia un ente indipendente, scevro da logiche di mercato e conflitti d'interesse?

Il 76% del budget dell'OMS è costituito da donazioni volontarie, perlopiù indirizzate a specifiche attività decise dai donatori. In breve, l' OMS ha perso il controllo delle proprie politiche e delle proprie finanze, e non può decidere quali politiche sanitarie scegliere. Ci pensa **Bill Gates**, definito da alcuni '*il medico più influente al mondo*'.

Nel 2010 la "**Fondazione Bill & Melinda Gates**", **azionista di rilievo del mercato vaccinale, aveva versato donazioni volontarie all'OMS per quasi 220 milioni di dollari,** posizionandosi come secondo donatore dopo gli Stati Uniti.

Una fondazione creata dalla Fondazione Gates, la **GAVI** (*"Global Alliance for Vaccines and Immunization"*), aveva versato all'OMS altri **39 milioni di dollari**. GAVI è una partnership fra pubblico e privato che comprende, oltre alla fondazione Gates, i soggetti privati del capitalismo finanziario, le principali aziende farmaceutiche del settore vaccinale e la **Banca Mondiale**, che è un' azionista del mercato vaccinale.

Al 2019, GSK, Sanofi e Pfizer, sono tra i 4 colossi che detengono il primato nell'oligopolio del mercato vaccinale; altri finanziamenti di queste aziende farmaceutiche provenivano da alcune loro fondazioni. Il contributo della Fondazione Gates era comunque di gran lunga preponderante, e conferiva alla fondazione un peso superiore a quello della maggior parte degli stati membri, soprattutto dei più poveri. Del resto la fondazione Gates, con 43,5 miliardi di $ di patrimonio, pesa tuttora più dell'intera OMS.

Pensate che l'OMS disponga liberamente dei finanziamenti che riceve? Non è così, sono privati e commissionati verso progetti specifici scelti dai donatori stessi. In pratica i donatori finanziano l'OMS giusto perché apponga il suo logo a legittimazione dei loro stessi progetti.

"Il mio budget è altamente stanziato, per questo viene indirizzato verso quelli che io chiamo interessi dei donatori"

Margaret Chan, *ex direttrice generale dell'OMS*

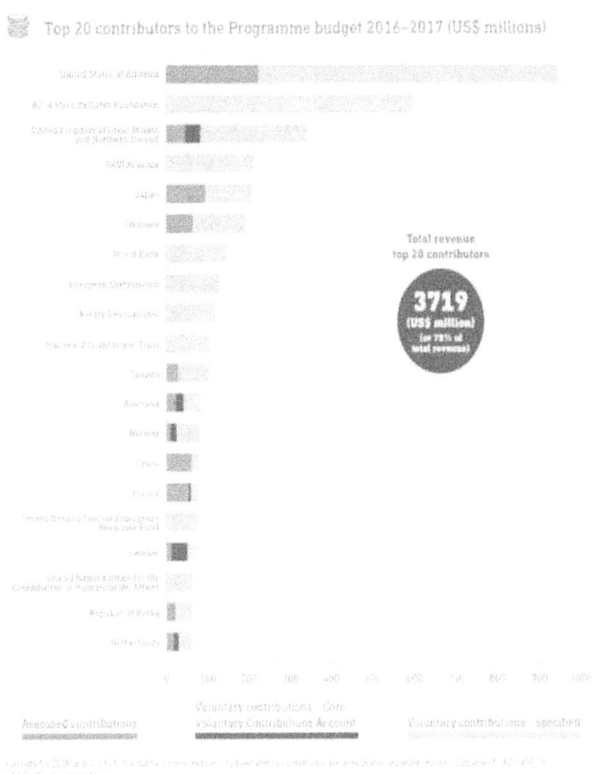

Nel biennio 2016-2017 le donazioni volontarie all'OMS sono state di circa 3 miliardi e 900 milioni di dollari, quasi l'87% del budget totale (di 4 miliardi e mezzo). Il British Medical Journal documenta che, nel solo 2017, l'80% di questi fondi fosse condizionato a una precisa agenda decisa dai "donatori". La fondazione Gates ha destinato all'OMS quasi 444 milioni di dollari nel 2016, di cui circa 221 vincolati a programmi specifici e quasi 457 milioni nel 2017, di cui 213 vincolati. Nel solo 2017, la GAVI ha versato all'Oms oltre 150 milioni di dollari. Il giornalista Alessandro Rico, ha documentato che, sempre nel 2017, le industrie farmaceutiche hanno direttamente "donato" all'OMS oltre 39 milioni di dollari (senza contare le varie fondazioni che le rappresentano).

Il grave conflitto di interessi e la privatizzazione dell'OMS sono da tempo denunciati anche dalla giornalista **Nicoletta Dentico**, esperta di salute mondiale che tra il 1999 e il 2004 ha diretto "Medici senza frontiere Italia":

*"L'attività filantropica della fondazione Gates, pur rappresentando solo una piccola parte dei profitti di Gates, è una piccola parte che si misura in miliardi, sufficiente per decidere le priorità del mondo, **comprare le politiche dei governi, determinare i programmi universitari, finanziare ONG e attivisti.***

Quei soldi danno a Gates e al capitalismo finanziario il potere di plasmare il mondo come vogliono."

Nel 2017, ripetiamo, circa l'80% dei fondi ricevuti dall'OMS erano earmarked, cioè a coprire specifici progetti selezionati dai donatori. Progetti che non sempre collimano con la pianificazione dell'organizzazione, né con le esigenze prioritarie dell'agenda internazionale della salute. Così, qualcun altro fa il bello e cattivo tempo. La Bill & Melinda Gates Foundation si è affermata come primo finanziatore dell'Oms in termini assoluti nel 2013, e primo donatore volontario nel 2015.

Pensate che quasi il 20% dello staff dell'Oms (circa 1300 persone) è finanziato tramite il programma di eradicazione della polio, che riceve fondi quasi esclusivamente da contributi volontari.

Nel gennaio 2020 anche al Parlamento Europeo c'è stata un' **interrogazione** in merito ai **finanziamenti privati dell'OMS**, in cui si chiedeva quali saranno le misure adottate in futuro per evitare i comprensibili conflitti di interessi che si genereranno.

Come viene visto Bill Gates?

*Nell'ultimo decennio l'uomo più ricco del mondo è diventato **il primo donatore dell'Organizzazione Mondiale della Sanità,** dopo l'annuncio del taglio dei fondi da parte del presidente degli Stati Uniti d'America.*

"E' sempre una domanda giusta da porsi se un grande filantropo ha un'influenza sproporzionata", Bryan Callahan, *vice direttore per l'impegno esecutivo presso la Bill and Melinda Gates Foundation. "Quando si tratta delle priorità che la fondazione ha identificato e in cui abbiamo scelto di investire, speriamo di contribuire a creare un ambiente favorevole"*

"Tutti i candidati dovranno allearsi con lui in qualche modo", ha detto Sophie *Harman, professore associato di politica internazionale alla Queen Mary University di Londra. "Non potete ignorarlo".*

*"Viene trattato come un capo di stato, non soltanto all'OMS, ma anche al G20" Già dieci anni fa, quando Gates ha iniziato a spendere soldi per l'eradicazione della malaria, gli alti funzionari - tra cui il capo del programma dell'OMS per la malaria - hanno espresso **la preoccupazione che la fondazione distorcesse le priorità di ricerca.** Il termine spesso usato era*

'filantropia monopolistica', l'idea che Gates stesse adottando il suo approccio ai computer e applicandolo alla Gates Foundation.

Tutto è collegato.

La Gates Foundation ha pompato oltre **2,4 miliardi di dollari nell'OMS dal 2000,** *poiché i paesi sono diventati riluttanti a investire più denaro nell'agenzia, soprattutto dopo la crisi finanziaria globale del 2008.*
Le quote versate dagli Stati membri rappresentano oggi meno di un quarto del budget biennale dell'OMS, pari a 4,5 miliardi di dollari. Il resto viene da ciò che i governi, Gates, altre fondazioni e aziende offrono con contributi volontari.

L'eradicazione della **polio** è di gran lunga il programma meglio finanziato dall'OMS, con almeno 6 miliardi di dollari stanziati tra il 2013 e il 2019; in gran parte, circa il **60% dei contributi,** viene dalla **Gates Foundation** ed è destinato alla causa. La Gates vuole risultati tangibili, e cancellare una malattia paralizzante come la polio lo sarebbe.

Ma l'attenzione per la polio ha fatto sì che l'OMS abbia effettivamente smesso di chiedere finanziamenti per altri programmi, in particolare per sostenere i sistemi sanitari dei Paesi poveri prima della prossima epidemia.

"L'impatto della fondazione sull'OMS è enorme", ha detto Garrett, del *Council on Foreign Relations. "**Se non ci fossero, se se ne andassero via con i loro soldi, l'impatto deleterio sarebbe profondo, e tutti ne sono fin troppo consapevoli".***

Alla luce di questa analisi, possiamo considerare l'OMS un ente di cui potercisi fidare?

Big Pharma esiste. Get over it.

"Come può un medico far credere che le aziende farmaceutiche possano essere interessate alla formazione?"

All'Università ti insegnano quanto sia importante il rapporto con il paziente, **tralasciando** quanto poi in pratica sarà importante il legame con l'informatore scientifico.

Sapete, **l'80%** delle Università è disposto a **cedere i diritti degli studi alle case farmaceutiche**, pur di ricevere fondi. Cosa vuol dire questo? Che se durante gli studi viene scoperto qualcosa che non piace, lo studio puo' essere interrotto. E, ancora più importante, una volta finito e consegnato, **non hai alcun diritto** su quel lavoro.
Se la casa farmaceutica vuole divulgare dei dati bene, ma non è costretta a farlo.

"Protezione di segreto industriale", spesso lo chiamano così.

Senza voler ricordare che nel giro degli ultimi 30 anni la ricerca sia palesemente finita nelle mani di BigPharma, e non potrebbe essere altrimenti: hanno i soldi e decidono loro.
Per conoscere in maniera più approfondita, non posso che consigliare "Medicine letali e crimine organizzato" scritto da Peter Goetzsche.

Più soldi un medico riceve dalle aziende farmaceutiche più farmaci brand (di marca) prescrive; anche un solo pasto offerto può fare la differenza.

Così recita il sottotitolo di un <u>documento di ProPublica.</u>

ProPublica è un'organizzazione di giornalisti investigativi indipendenti che lavora indagando sui rapporti fra industria del farmaco e medici negli Stati Uniti. Nel 2010 uscì allo scoperto con la campagna Dollars for Docs, nella quale erano stati messi in rete i nomi di alcuni medici USA con i relativi pagamenti da parte delle case farmaceutiche, per dare modo al pubblico di conoscere le informazioni rese note durante dibattimenti processuali. Con quell'inchiesta uno dei suoi giornalisti vinse il premio Pulitzer. Era un primo tentativo empirico per dimostrare che si prescrivono più farmaci e presidi medicali quando si è stati pagati dall'industria.

Si crede sempre che le mele marce siano poche, che regni l'onestà nel mondo della salute: non è così, e dispiace dirlo.

Se la ricerca è in mano a delle multinazionali, e l'UNICO obiettivo delle multinazionali è generare profitto per gli azionisti, la salute viene dopo. Non ho detto che non viene, ma che viene di certo dopo.
Logico no?

Soprattutto, bastano poche persone corrotte per mandare avanti un sistema corrotto. Ricordate le premesse? Viviamo nella società della delega e del dominio, e questo si traduce anche in ambito accademico.

Immaginiamoci questa struttura della comunità scientifica come un ingranaggio gerarchico: è sufficiente oliare i punti giusti e chi segue più in basso si troverà ad eseguire qualcosa di cui si sono perse le tracce. Il medico si troverà a prescrivere dei farmaci che gli vengono venduti come sicuri ed efficaci, trovandosi spesso impreparato su come questi farmaci siano stati autorizzati.

Voglio condividere questa riflessione, pulita e lineare sulla comunità scientifica, scritta da Massimo Geloni. E' un po' duro nella sua analisi, ma il senso lo condivido appieno. La comunità scientifica, semplicemente, non esiste.

Il mito della comunità scientifica

Invocare la cosiddetta comunità scientifica è diventato un mantra moderno molto usato, non solo in ambito scientifico e giornalistico, ma anche tra la gente comune.

L'idea alla base è che ci sia questo organo collegiale che vigila sulla giustezza delle scoperte scientifiche fino ad arrivare a coprire con la sua benefica influenza anche scelte politiche. Insomma un bel tappeto comodo comodo sotto cui gettare tutti i dubbi che possono sorgere su scoperte scientifiche, loro applicazioni pratiche e derivanti legiferazioni in merito.

Ma come funziona questa "comunità scientifica?"

Prima di tutto il senso della parola comunità è proprio quello più "laico", ovvero un insieme di persone. Le persone di cui parliamo sono appunto gli scienziati che aderiscono comunitariamente a dei "valori" quali la sperimentazione e la conoscenza. Quindi parliamo di **una comunità mondiale di persone distanti anche migliaia di chilometri che lavorano più o meno con gli stessi metodi** e attitudine, e che a loro volta formano comunità più piccole in base al ramo scientifico di cui si occupano e che a loro volta si ramificano ancora in base al campo specifico, e così via.

Stiamo parlando quindi non di un congresso o un parlamento, ma di un **concetto astratto** esattamente come può essere quello di "nazione" inteso come insieme di cittadini e quello di "internet" inteso come insieme di navigatori.

I membri della comunità scientifica, come quelli di tutte le comunità, dialogano tra loro. Al di là di convegni e seminari, la forma più autorevole di comunicazione avviene attraverso le **riviste** scientifiche dove vengono pubblicati articoli riguardanti nuove scoperte. Più una rivista è autorevole e più le ricerche pubblicate sono sicure e valide perché attentamente vagliate. Attraverso queste pubblicazioni, che contengono anche dettagliate metodologie di analisi, la comunità scientifica viene a conoscenza di nuove scoperte, come queste siano avvenute e chi le ha condotte, in modo da usare queste informazioni per ulteriori ricerche.

Un metodo che sembra molto sicuro.

La parola "sembra" è d'obbligo perché per considerare questo sistema di cose sicuro e per vedere la comunità scientifica come portinaia della Verità, è necessario trascurare una lunga serie di fatti, dettagli e ragionamenti logici.

Partiamo con la pubblicazione su riviste scientifiche.

Questa avviene attraverso la cosiddetta peer review (revisione paritaria) ovvero la validazione di un lavoro scientifico da parte di ricercatori che lavorano nello stesso ambito. Passata questa revisione, l'articolo viene pubblicato e diventa letteratura scientifica.
Questo processo viene spesso fatto passare come una validazione di una ricerca da parte della comunità scientifica, convogliando l'autorevolezza di milioni di addetti ai lavori a ciò che viene pubblicato, però **la cosiddetta comunità scientifica non è per nulla coinvolta nella pubblicazione degli articoli** ma solo chi è interpellato a validarli dall'editore scientifico. Il resto della comunità può leggere e, nel caso, confutare quella ricerca, ma di questa enorme massa di scienziati quanti, effettivamente, leggono nel dettaglio quella ricerca, vogliono testarla e hanno, allo stesso tempo, capacità e strumenti per farlo?

Stiamo parlando di un ago nel pagliaio.

La maggior parte della letteratura scientifica quindi dipende dalla revisione di pochi scienziati che si basano su altra letteratura revisionata allo stesso modo. Non c'è nessuna "comunità scientifica" intesa come un insieme di migliaia se non milioni di scienziati che attivamente ne controlli e garantisca la validità. La presunta pluralità di questa immensa comunità che dovrebbe difendere la validità delle ricerche dall'errore o malafede di pochi è di fatto inesistente.

Considerando tutto questo e che ogni ramo della scienza è sempre più sottile e dedicato, il cosiddetto dibattito scientifico su una data ricerca riguarda in realtà un numero limitatissimo di scienziati e non è impermeabile a tutto un cosmo di realtà che sta attorno a quel dibattito.

Consideriamo per esempio il **segreto industriale** e quanto un **brevetto**, un marchio o un copyright possano **impedire un dibattito aperto** su una scoperta scientifica. Consideriamo **la pressione lobbistica delle case farmaceutiche**: è impensabile credere che la ricerca in questo campo sia esente da corruzione o altre pratiche illecite soprattutto quando consideriamo che parliamo di aziende con indotti da capogiro.

La questione lobbistica di solito viene banalizzata e ridicolizzata affermando che non esiste nessuno in grado di corrompere TUTTA la comunità scientifica, cioè ogni singolo scienziato ovunque nel mondo. Ma questa obiezione è ridicola. **In tutti i settori dello scibile umano esiste una compartimentazione delle mansioni e delle responsabilità che permette di far accadere cose toccando solo i giusti ingranaggi**, senza bisogno di avere sotto controllo tutta la macchina. Ma sembra veramente ridicolo in questo momento storico, dopo gli infiniti esempi offertici in tutti i settori, dalla politica all'economia, dover ancora analizzare un aspetto talmente banale e ovvio.

Nessun settore importante dal punto di vista politico o economico è esente dalla creazione di potentati più o meno oligarchici che tentano di far prevalere la loro volontà.

La **Pfizer** e la **Johnson&Johnson**, ad esempio, due colossi del settore farmaceutico, fatturano rispettivamente 52 e 76 miliardi di dollari all'anno. In nessun campo imprenditoriale si esclude la possibilità che grandi aziende facciano **cartello**, manipolino dati o facciano **pressioni di tipo lobbistico**, anzi, la cronaca è piena di esempi ed è noto che accada. Quando però si parla di scienza, improvvisamente un paraocchi viene calato sul volto e tutto cambia, al punto che ad esempio **l'espressione "Big Pharma" è considerata complottismo da due soldi.**

Eppure ci sono addetti ai lavori come **B. Saraceno** (Psichiatra, per più di 10 anni Direttore del Dipartimento di Salute Mentale e Abuso di Sostanze della Organizzazione Mondiale della Salute) che non solo usano giustamente quel termine ma lo usano per denunciare, ad esempio, nel suo libro "Sulla povertà della psichiatria", che **la spesa per il marketing di Big Pharma negli Stati Uniti dal 1996 al 2005 è cresciuta da 11,4 a 29,9 miliardi di dollari e la spesa di pubblicità diretta al consumatore, nello stesso periodo, è cresciuta del 330%.**

Riprendendo le due aziende citate poco sopra, **la Johnson&Johnson nel 2013 ha speso 17.5 miliardi di dollari nel marketing contro gli 8.2 in ricerca e sviluppo** di nuove molecole; **la Pfizer a fronte di 11.4 miliardi di dollari spesi nel marketing ne ha spesi 4.8 di meno per la ricerca.**

Pensare che con cifre di questo calibro in ballo le aziende interessate possano fare dei responsabili passi indietro quando trovano muri politici, etici o scientifici è semplicemente imbarazzante.

Ridere e scherzare sul termine "Big Pharma" davanti a tutto questo più che ingenuo e idiota è quasi criminale.

Basti pensare che, senza scomodare atti di puro lobbismo e corruzione, persino il numero e la qualità delle ricerche seguono naturalmente i soldi: gli ambiti di ricerca che possono portare a scoperte interessanti per i mercati pullulano di ricercatori mentre gli altri ambiti vanno sempre più deserti.

La ricerca indipendente è semplicemente strozzata, la stragrande maggioranza delle ricerche è finanziata da aziende private e questo è un grosso problema, sia per quanto riguarda l'attendibilità dei risultati, sia perché la ricerca è indirizzata ad ottenere risultati spendibili sul mercato, non socialmente utili. Ad esempio la spinta può essere verso ricerche che portino a nuovi prodotti medici riguardanti patologie che statisticamente colpiscono pazienti con alto reddito oppure ricerche su temi che possano distrarre dai potenziali rischi di altri prodotti già in commercio.

Anche **Arnold Seymour Relman** (1923-2014), **professore di medicina a Harvard** e, anche lui, ex redattore capo dello stesso giornale ha affermato *"La professione medica viene comprata dall'industria farmaceutica, non solo in termini di pratica medica, ma anche in termini di insegnamento e ricerca. Le* *istituzioni accademiche stanno diventando gli agenti pagati dell'industria farmaceutica. Penso che sia vergognoso".*

È evidente che in alcuni ambiti la libertà di dissenso che dovrebbe stare alla base del cosiddetto "dibattito scientifico" e che dovrebbe garantire la genuinità delle scoperte scientifiche, semplicemente sparisce dietro l'ombra colossale del dogmatismo, prezzolato o no che sia.

Quando si parla di scienza, sia che lo faccia uno scienziato che un non addetto ai lavori, si ha sempre l'idea di parlare di qualcosa di super partes che non ha a che fare con la fallibilità umana, col conflitto di interessi, con l'economia, con l'egemonia, con il capitalismo, con l'utilitarismo, con il produttivismo, ecc.

Questo è il grande errore: inglobare in un metodo di indagine (quello scientifico, considerato puro e sempre tendente alla verità senza pregiudizi) tutto quello che ha che fare con quel metodo, anche se dipende o genera o riguarda ambiti molto più complessi e diversificati che non hanno più niente a che fare direttamente con quel metodo, implicando premesse e conseguenze del tutto diverse.

È come se pensassimo che in uno stato fondato sull'ideale della democrazia (intesa come potere decisionale del popolo), automaticamente tutto quello che uscisse dal parlamento (qualunque legge, decreto, scelta politica, lavoro pubblico, ecc.), fosse per forza di cose espressione della volontà popolare.

È chiaro che questo è di fatto un ragionamento molto ingenuo e non realistico. Eppure per la scienza funziona così.

La cosiddetta comunità scientifica è solo un concetto astratto e non è garante di alcuna verità scientifica. Mai questa ha fatto muro contro decisioni dei vari potentati (se non a posteriori e molto raramente), anzi, d**i solito la scienza e la sua comunità sono espressione delle dinamiche economiche, capitaliste, industriali, produttiviste, politiche e militari; ne hanno sempre sostenuto le decisioni e a loro volta ne sono state espressione.**

Caro Massimo, come posso darti torto? E sulla sua riflessione, vi racconto del **legame che esiste tra il CDC, la Coca Cola**, e una delle università più importanti degli USA, l'**Emory College**

Quando è iniziato tutto?

Dagli albori della stessa Coca Cola: da un lato abbiamo **Asa Candler**, *primo presidente della Coca Cola*, e dall'altro abbiamo **Warren Candler**, *il fratello, uno dei primi presidenti dell'Emory University.*

Asa Candler donò 1 milione di dollari e circa 30 ettari di terra, grazie a questa mossa nacque la **Emory University.**

Il *legame* tra queste due istituzioni non finisce qui: uno dei presidenti storici di Coca Cola, e lo è stato per 50 anni, **Robert Woodruff**, è stato per un breve periodo di tempo studente alla Emory. Nonostante sia stato fugace, deve essere stato intenso: nel **1937 elargisce una ricca donazione alla Emory** per la creazione di un centro sul cancro, dedicato alla madre, il **Winship Cancer Institute.**

Ma non è nulla rispetto a quello che fece qualche decennio dopo: nel 1979 la Coca Cola donò alla Emory 105 milioni di dollari.

Una delle donazioni più grosse di sempre nella storia degli Stati Uniti. Altra donazione recente è del 2008: *3 milioni di dollari dalla Coca Cola Foundation.*

Il rettore della Emory University, **James W. Wagner**, così si è espresso: *"La Emory è stata benedetta nella sua lunga relazione con la Coca Cola. Questa donazione è un'ulteriore dimostrazione di appartenenza della Coca Cola verso la città di Atlanta e la Emory. Siamo grati per questa partnership"*

Non solo: possiamo trovare nel sito della Emory queste belle parole: *"è considerato, in maniera non ufficiale, poco consone allo spirito scolastico bere altre bevande nel campus".* Coca cola o morte, insomma.

E questa ragazza? Niente di che, semplicemente **Lauren Sayeski**, una *studentessa della Emory* che una volta uscita è andata a lavorare per la Coca Cola. Guida **le strategie dei partner europei della Coca Cola a livello mediatico e di comunicazione,** da più di 12 anni nel mondo della bibita.

Povera Lauren, non volevo di certo puntarla: prendetelo come *esempio semplice,* e che volendo ci può anche stare, ora ne arriva un altro.

Parliamo di **Micheal Pratt, ex professore di sanità pubblica alla Emory University.** Non solo, **responsabile** anche a livello del **CDC del dipartimento di prevenzione delle malattie croniche e promozione della salute.**

Pensate, **è il fondatore di un corso internazionale del CDC sull'attività fisica e la sanità pubblica.**

Come vedete dall'immagine poco più su, ci sono due nomi che ho evidenziato, il suo e quello di **Barbara Bowman**. Piccolo cenno sulla Bowman: dopo 24 anni di servizio al CDC, a causa di alcune mail trapelate grazie al FOIA, la Bowman ha lasciato il CDC, perchè sono state rese note le sue collaborazioni con la Coca Cola, **mail in cui era evidente il legame con l'azienda,** preoccupata per le ultime restrizioni sulle bevande zuccherate da parte dell'OMS. **Prima di lavorare per il CDC, la Bowman ha lavorato come consulente nutrizionale per la Coca Cola.** La cosa buffa è che, una volta dimessa, è stata profondamente ringraziata dall'ente di Atlanta. Quando la notizia iniziò a circolare, la responsabile della Bowman disse *"è normale intrattenere rapporti con queste aziende".*

Poi, soltanto due giorni dopo che le mail sono trapelate, la Bowman si è dimessa. *I casi della vita.*

La Bowman era a capo della divisione di prevenzione sulle malattie cardiovascolari, e quale migliore prevenzione se non quella di consigliare e collaborare con la Coca Cola?

Torniamo a **Michael Pratt della Emory e del CDC.** Il buon Michael collaborava con l'ILSI (International Life Sciences Institute) istituto privato fondato nel 1978 grazie ai fondi di: Coca Cola, Heinz Foundation, Pepsi-Cola, General Foods, Kraft e Procter & Gamble. Fino al 1991, il presidente era **Alex Malaspina**, che allo stesso tempo era il vice presidente di Coca Cola.

ILSI che più di una volta ha tentato di influenzare le linee guida dell'OMS, perchè chiaramente rappresentava gli interessi di queste società! Una volta ha tentato anche di mediare per l'industria del tabacco: tra amici ci si aiuta giusto?

Il **Dr. Pratt** ha partecipato a più convegni e studi organizzati dall'ILSI e finanziati anche dalla Coca Cola, sul bilancio energetico e sulla alimentazione. Spesso in America Latina, casualmente proprio quella terra ormai depredata da questo mostro.

Ma tutte queste sono chiaramente coincidenze, *parole al vento.*

Il mistero delle linee guida

Renzi apre ai big del farmaco

Metti dieci CEO mondiali di Big Pharma a Palazzo Chigi e un premier che li invita a puntare (e a investire) sull'Italia. E metti che Big Pharma risponda: lo stiamo già facendo, anche oltre le promesse fatte, «siamo pronti a dare ancora una mano».

Possiamo dire che i rapporti tra l'Italia e le aziende farmaceutiche si erano già intensificati nel 2014.

Ritorniamo un attimo alle parole di Marcia Angell, per un fatto avvenuto qualche tempo fa, nella totale confusione da Coronavirus.

Medicina generale. Sanofi sigla accordo con Fimmg e Simg per formare i medici del futuro

Una innovativa forma di collaborazione dedicata alla formazione dei medici di medicina generale su tematiche cliniche in costante evoluzione come l'ambito cardio-metabolico, la prevenzione e la gestione della cronicità

L'articolo di Quotidiano Sanità è scritto in *medichese*, traduciamolo con un concetto molto semplice: ***non ci sono soldi, quindi ci affidiamo totalmente alle aziende farmaceutiche per la formazione dei futuri medici.***

Attenzione: non è una novità.

Almeno, non completamente. Tra corsi di aggiornamento, stesure di linee guida ed eventi a invito, sono tanti i modi in cui le aziende farmaceutiche mettono le mani sulla sanità. Questa volta diciamo che si sono premurati di farlo in maniera diretta e ufficiale con un contratto. Giusto per completezza, la **Sanofi** è quella *azienda responsabile di chissà quante morti nelle Filippine* per il vaccino **anti Dengue**.

Diciamo che aziende farmaceutiche e scandali che coinvolgono migliaia di morti è la norma, ma va bene così suppongo.

Come funzionano le linee guida

Tutti i medici basano le loro terapie sulle **linee guida**.
Ma chi scrive le linee guida? Da chi sono finanziati gli studi che permettono di redigere le linee guida?

Su cosa è basata la linea di cura del paziente? **Sui farmaci.**

I farmaci chi li produce?

Devo andare avanti? E' abbastanza cristallina la cosa.

Pensate, il **70% dei panel di chi redige le linee guida, ha dei legami con le industrie farmaceutiche.** Secondo una ricerca del **B**ritish **Medical Journal**, su **215 linee guida analizzate, soltanto 90 erano chiare su quali fossero i conflitti di interesse.**

Ancora una volta, un esempio sul testosterone.

The Milwaukee Journal Sentinel ha pubblicato *un'analisi sulle attività educazionali centrate sulla "terapia" a base di testosterone*: dei 75 corsi valutati, 65 prevedevano la docenza di relatori gravati da conflitti di interesse.

È un mercato, quello del testosterone, in costante crescita a conferma dell'efficacia – più che del prodotto – della strategia pubblicitaria. Nel 2000, le prescrizioni di testosterone erano sostanzialmente limitate a non molto frequenti casi di ipogonadismo: meno di un milione di ricette l'anno. Nel 2014 sono salite a 6,5 milioni. Con una parallela crescita di rischio da farmaco: dal 2010 sono state segnalate 3.900 reazioni avverse negli Stati Uniti, che hanno portato a 2.000 ricoveri e a 150 decessi. Senza considerare, perché più difficilmente quantificabile, l'aumento del rischio di cancro della prostata legato all'assunzione di testosterone.

*Le evidenze a sfavore di questi prodotti sono schiaccianti, al punto che **Steve Nissen – clinico della Cleveland Clinic** e tra i più apprezzati trialisti americani – è giunto a dichiarare che qualsiasi nuovo studio sul testosterone relegherebbe i cittadini statunitensi al rango di porcellini d'India: **cavie, per l'interesse delle industrie farmaceutiche.***

Il problema è talmente serio che nel 2010 gli Stati Uniti hanno emanato una legge, chiamata **Sunshine Act**, per portare alla luce i **legami fra i medici e l'industria**. Il Sunshine Act non ha lo scopo di limitare i regali e i finanziamenti ai medici e alle istituzioni sanitarie, ma di renderli trasparenti. La legge è stata elaborata dopo che un gruppo di giornalisti aveva rivelato che nel biennio 2009/10 l'industria farmaceutica aveva elargito a oltre 18.000 medici somme per un totale di circa 320 milioni di dollari, con versamenti intorno ai 250.000 dollari ai 10 medici che guidavano la graduatoria.

Circa 6 anni dopo, una cosa simile è arrivata anche nel nostro paese. Avete mai sentito parlare dell'**inchiesta Disturbo**?

A Monza, sono state arrestate 14 persone tra chirurghi, medici di base e manager, tutti accusati, in concorso tra loro, di corruzione e associazione a delinquere. Alcuni chirurghi del Policlinico di Monza, secondo la Procura, hanno favorito infatti la **Ceraver Italia Srl**, reclutando pazienti, comprando a spese degli ospedali protesi ortopediche di bassa qualità e moltiplicando il numero delle operazioni, con la complicità di medici di base e manager. L'accusa è di aver agito "per aumentare gli utili" della multinazionale francese "anche a discapito della salute pubblica". In cambio hanno ottenuto denaro, regali, viaggi, vacanze, assunzioni di personale, partecipazioni a congressi e cene in locali di lusso. Complesso il meccanismo corruttivo, portato alla luce grazie a centinaia di intercettazioni telefoniche: i manager Ceraver si adoperavano per "incentivare" i chirurghi del Policlinico di Monza (ma anche di tante altre strutture afferenti, sempre convenzionate con il Sistema sanitario nazionale) a comprare esclusivamente protesi della multinazionale francese a un prezzo variabile tra i 1.500 e i 2.500 euro a pezzo, pagando al chirurgo dagli 80 ai 100 euro per ogni acquisto. A tal fine coinvolgevano i **medici di base,** il cui compito era quello di identificare pazienti da sottoporre a operazione, i quali venivano prima visitati dagli specialisti presso gli ambulatori territoriali (visite che venivano pure pagate 'in nero') e poi indirizzati al Policlinico o in altre strutture sanitarie collegate per il ricovero e l'intervento. I chirurghi coinvolti peraltro, sostengono gli investigatori, hanno dato l'impressione di far passare in secondo piano la valutazione sulle caratteristiche delle protesi Ceraver, protesi che i medici intercettati hanno definito di qualità inferiore rispetto a quelle di altre marche. Proprio questa circostanza, paradossalmente, avrebbe fatto alzare il prezzo del "disturbo", corrisposto agli ortopedici in virtù del maggiore rischio di fallimento degli interventi.

Più recente, altro caso italico è stato quello del **Dr. Guido Fanelli.** *Hub del dolore enorme*, un giro di soldi tremendo dove, come al solito, **ci rimettono i pazienti**. Vi lascio soltanto questa sua perla:

"Non è che faccio il boss, sono io e basta, comando io, ho creato un sistema. Io prendo soldi dall'uno e dall'altro in maniera uguale e paritaria, sono bravo a tenere il piede in quattro o cinque scarpe. Io ho il centro hub del dolore più grosso d'Italia con 19 mila interventi all'anno, ho la forza di spostare milioni di euro perché con la forza scientifica tutti danno credito a ciò che scriviamo".

Possiamo anche tornare al 2010, medici corrotti per un giro d'affari di 2 milioni di euro.

"Gli inquirenti spiegano che i medici avrebbero percepito compensi illeciti in cambio di prescrizioni e somministrazioni arbitrarie a centinaia di pazienti in cura per diffuse patologie croniche di specialità medicinali prodotte dalle aziende corruttrici, che realizzavano maggiori profitti derivanti dal conseguente incremento della diffusione dei farmaci".

Possiamo andare ancora più indietro, questa inchiesta della Procura di Bari del 2006.

"Ai medici corrotti andavano compensi in danaro (percentuali tra il 10 e il 18% del prezzo dei medicinali prescritti), oppure orologi, telefoni cellulari, materiale informatico, viaggi di piacere e partecipazioni a congressi scientifici. In più di un caso – ritengono di aver accertato i carabinieri del Nas di Bari – tra medici e informatori scientifici c'è stata anche una trattativa sul tipo di compenso che i sanitari dovevano percepire: ad esempio 5.000 euro al mese

al posto di vacanze con la famiglia in luoghi esotici o in capitali europee. Nel corso dell'inchiesta il magistrato sequestrò un libro paga sul quale erano scritti i compensi percepiti dai medici e, accanto, il voto che l'informatore scientifico esprimeva: le valutazioni erano scarso, sufficiente, buono; o anche: da tornare. Dopo il sequestro del libro-paga, il 15 aprile 2005, il pm ottenne dal gip l'arresto di 60 persone (18 medici, 16 farmacisti, 6 dirigenti e 20 informatori scientifici di molte case farmaceutiche nazionali ed estere), che si aggiunsero alle 44 persone arrestate tra il 7 e il 25 luglio del 2003."

Andiamo al 2017, altra truffa ai danni dei pazienti scovata dai NAS

"Praticamente 'a libro paga': denaro, regali, inviti ai convegni e 'premi' per i medicinali che poi riuscivano a piazzare. Alcuni tra medici e funzionari della struttura sanitaria, abusando delle loro funzioni di pubblici ufficiali, condizionavano alcuni concorsi pubblici, favorendo l'assunzione di medici e paramedici da loro prescelti per meri interessi personali; percepivano dalle case farmaceutiche somme di denaro come premio in cambio dell'incremento della prescrizione dei loro farmaci, nonché per finanziare le assunzioni. Il sistema corruttivo, inoltre – si legge nel comunicato dei Nas – prevedeva l'illecito finanziamento da parte delle case farmaceutiche di convegni scientifici, corsi di aggiornamento e borse di studio con enormi elargizioni di denaro, mascherate come sponsorizzazioni per l'attività di ricerca medica che, allo stato, non risulta svolta. Per nascondere i legami corruttivi, il denaro ottenuto veniva indirizzato verso alcune compiacenti società "provider di servizi" che formalmente organizzavano gli eventi, ma di fatto distraevano il denaro ottenuto dalle società farmaceutiche per ridistribuirlo nei conti correnti dei medici, ricompensati anche con beni di varia natura."

Se volete, undici anni fa due giornalisti italiani hanno scritto **"La Casta dei Farmaci"**, ci sono tante analisi interessanti e racconti dal mondo medico del nostro paese. Un libro del 2011, sono cambiate le cose? No. E ho puntato i riflettori solo su alcune truffe degli ultimi 20 anni.

Volete vivere nel mondo delle favole? Volete essere convinti a tutti i costi che la sanità sia pulita e le industrie lavorino alacremente per noi? **Non per questo bisogna buttare giù tutti i farmaci, tutti i medici.** Bisogna specificarlo perché di idioti è pieno il mondo, viva viva le premesse.

Siete liberi di credere a quello che preferite, tocca a noi migliorare le cose.

"I pazienti che soffrono di cardiopatie sono meno inclini a morire quando i migliori cardiologi non sono in ospedale"

Rimaniamo un attimo ad analizzare questa frase. Abbiamo letto della corruzione, della formazione indirizzata: come può riflettersi sulla pratica?

Ricercatori dell'**Harvard Medical School** avvertono che quando i cosiddetti "**specialisti**" non sono presenti in ospedale, il tasso di sopravvivenza aumenta! Loro credono che i migliori che partecipano ai convegni sono più inclini a usare interventi drastici per i loro pazienti, interventi che potrebbero fare più male che bene, piuttosto che adottare un approccio olistico.

Queste le parole del **Dr. Anupam Jena**, ricercatore e prima firma di questo studio, pubblicato sul **Journal of American Heart Association.**

"Molti interventi medici non portano miglioramenti al tasso di mortalità, ed il fatto anzi che la mortalità dei pazienti cardiopatici migliori drasticamente proprio nei giorni in cui questi specialisti non ci sono ci fa riflettere molto su come potrebbero essere trattati diversamente i pazienti. Questa scoperta la considero uno sfortunato paradosso, dato che i convegni dovrebbero servire per rendere i medici ancora più bravi. Non c'è soltanto il fattore malattia di cuore da considerare in un paziente, ve ne sono molti di più. Il nostro obiettivo non è quello di screditare nessuno ma capire perché succede e come migliorare per salvare più vite. Per essere chiari, qui non si parla soltanto di accademici che fanno esclusivamente ricerca, ma che si dedicano molto alla clinical care".

Pensate che nel 2015 aveva fatto uno studio molto simile: cosa succede negli ospedali quando i migliori vanno ai convegni? Si aspettava di trovare un risultato positivo, e invece non è per niente andata così.

Nel 2015 il focus erano considerate le date dei convegni dell'Associazione Americana Cardiologi.

Questa volta il **Dr. Jena** e il suo team si sono concentrati su un sottogruppo specifico, i medici (e relativi pazienti) che partecipavano al convegno sul catetere cardiovascolare.

Sono stati osservati 3,153 pazienti che avevano sofferto di attacco cardiaco durante questo specifico incontro, e poi sono stati comparati con i 31,156 pazienti che avevano sofferto di attacco cardiaco durante la presenza in ospedale dei migliori cardiologi. Entro 30 giorni dal ricovero, sono morti il 19.5 % dei pazienti che non avevano bisogno di stent con i migliori presenti in ospedale, mentre in loro assenza il 16.9% Per quelli che non hanno bisogno di stent c'è bisogno di saper utilizzare la giusta medicina e il giusto trattamento per evitare di incappare in infezioni. Entro 30 giorni dal ricovero, sono morti il 15.3 % dei pazienti con stent che erano andati in ospedale il giorno del convegno, confrontato al 16.7% di quelli morti ricoverati in presenza dei migliori cardiologi.

Questa ricerca suggerisce che i dottori che non vanno ai convegni sono altrettanto validi nel compiere stent, e allo stesso tempo sembra siano più efficaci come trattamento in linea generale.

Chi va alle conferenze fa più stent, è più concentrato nel pubblicare nuovi studi e nello effettuare trial clinici.

Quello che si può sicuramente evincere è che partecipare ai convegni non automaticamente ti rende più bravo, a prescindere dalla capacità poi l'ambizione può tramutarsi in danno.

La domanda che si fa strada è questa: **fanno più trial per avere più pubblicazioni e più soldi e questo porta alla morte più persone?**

Alla luce di tutto questo, non posso che considerarla la strada più plausibile.

Marketing farmaceutico

Ricordiamo come tendenzialmente le industrie investano più nel marketing che nella divisione di ricerca, anche in rapporto 2:1. Perché lo fanno? Perché possono farlo, e il sistema è concepito in maniera tale da permettere un grande livello di noncuranza verso le persone. Quello che è stato fatto su questi dispositivi medici, parlo proprio del *Santo Graal* degli ultimi anni, non è diverso da quello che è stato fatto per chissà quanti farmaci autorizzati in maniera perlomeno sospetta.

Vi racconto la storia di alcuni scandali farmaceutici, dal **Vioxx** alla **Paroxetina**.

La storia del VIOXX

Rofecoxib (VIOXX) : 120.000 vittime

Il 30 settembre 2004 la **Merck ha ritirato il Vioxx dal mercato**. Quel giorno, su **Fox News,** il presidente della Fondazione per l'Artrite degli Stati Uniti, si rammaricava all'idea della perdita che i pazienti avrebbero subito con il ritiro del farmaco. Beh, doveva per forza di cose essere così: **il Vioxx era inserito nella lista dei farmaci "salva vita"**. In più, *poco prima di essere ritirato, 9 su 10 consulenti della FDA avevano suggerito di non toglierlo dal mercato.*

Il direttore della Merck svedese arrivò a dire che nessuno studio clinico condotto prima del 2005 aveva evidenziato un eccesso di rischio cardiovascolare.

Questa è l'altra parte della storia.

Già nel 1996, i ricercatori della Merck avevano preso in esame il Vioxx, giungendo alla conclusione che favoriva l'insorgenza di trombosi. Nello specifico, **portava ad una diminuzione del 50% dei cataboliti urinari della prostacliclina.**

Per puro caso, i funzionari della Merck fecero riformulare la scoperta con "*I COX-2 possono giocare un ruolo nel processo di biosintesi della prostaciclina*". Grazie a delle modifiche attuate negli anni 90, con procedure molto "costose", il **VIOXX** è stato inserito nella categoria del farmaci "**salva vita**". E se vi ostinate a chiedere i dati sulla sicurezza del farmaco, vi risponderanno picche, perché in questo modo si perderebbero anni prima di immettere sul mercato farmaci che ti salvano! Senza voler essere pignoli, quei consulenti avevano dei conflitti di interesse e il direttore si era dimenticato di aggiungere che la **Merck** sceglieva bene su chi testare i farmaci, non erano campioni così casuali. Addirittura il rischio trombotico delle cavie scelte dalla **Merck** era 8 volte inferiore rispetto a delle cavie reclutate dalla Medicaire in Tennessee.

La neolingua è solo un artefatto orwelliano e ancora una volta Big Pharma non esiste.

La **FDA autorizza l'ingresso in commercio del Vioxx nel maggio del 1999**, nonostante in nessuno degli studi clinici inviati dalla Merck fosse presente la valutazione del rischio cardiovascolare, riuscendo anche a sottolineare come mancassero certezze sulla possibilità degli eventuali rischi cardiovascolari del farmaco.

Insomma, un po' come se il vostro medico, prescrivendovi un farmaco, vi dicesse: *"Non sono del tutto sicuro che questo farmaco non ti possa uccidere, ma prendilo pure"*

Il tanto decantato principio di precauzione non esiste e non viene MAI rispettato.

Ma lo scandalo non riguarda soltanto la **Merck**, che le ha provate tutte per promuovere il **Vioxx**: la truffa è stata a 360 gradi. Cosa è riuscita a fare la **Merck** pur di promuovere un suo prodotto?
Hanno creato un finta rivista scientifica, l'**Australasian Journal of Bone and Joint Medicine,** semplicemente per fare marketing sui loro prodotti!

Hanno preparato opuscoli per i loro informatori dicendo che la mortalità cardiovascolare associata all'uso del **Vioxx** era equivalente ad 1/8 della mortalità derivante dall'uso di altri anti infiammatori! Hanno commesso gravi scorrettezze di metodo sullo studio **VIGOR** che avrebbe dovuto dimostrare la sicurezza del farmaco, omettendo alcune morti nell'articolo pubblicato dal **NEJM**!

Hanno affermato che il farmaco era **"ben tollerato"** nei pazienti affetti da Alzheimer, dopo aver violato i protocolli sullo studio per non riempire i fogli di numeri poco piacevoli.

Vogliamo dedicare un pensiero al grande **NEJM** o alla **FDA** per l'ottimo lavoro svolto? Diciamo che il fatto di aver pubblicato articoli del genere, parla da solo? E che un incremento di cinque volte dell'incidenza di infarti non sia stato visto come una emergenza pubblica da parte della FDA, ci soddisfa?

Sapete per quali condizioni mediche era suggerito il **rofecoxib**, oltre l'artrite?

Emicrania, schizofrenia, vari trattamenti chirurgici, Alzheimer, terapie tumorali, endometriosi, dolori mestruali, acne, riduzione dell'arteriosclerosi nei pazienti infartuati con ischemie coronariche (!). Più di 80 milioni di persone, per un lasso di tempo da 2 a 4 anni in media, sono state trattate con il **Vioxx**: considerate varie ed eventuali,e considerando l'ultimo studio stesso della **Merck** del 2005, possiamo stimare siano state almeno 120 mila le persone morte a causa della **Merck** e della **FDA**.

Ma cosa volete che sia? **Tra spese legali e risarcimenti, la Merck ha sborsato più di 2 miliardi di dollari. Ma i soldi non sono certo un problema per un colosso dal fatturato di oltre 6 miliardi l'anno.**

Chi ci rimette? Sempre noi.

Ma perché fermarsi ad una singola storia?

La storia del Mediator

Parliamo di un farmaco, **Mediaxal** in Italia (Mediator in Francia) che da noi è stato ritirato nel 2003. **In Francia, ritirato nel 2009**. Si pensa che **nel nostro paese sia stato utilizzato da più di 10.000 persone, mentre sono più di 3 milioni gli utilizzatori d'Oltralpe.**

Migliaia sono le persone morte a causa di questo prodotto. Come spesso è successo, se vediamo che un farmaco può essere utilizzato per scopi diversi da quello dichiarato, si usa e basta. Gli utilizzi off-label sono all'ordine del giorno, e anche per il **Mediator** è stato così. Un farmaco anti diabetico che veniva usato anche per contrastare gli effetti della fame, quindi potenzialmente utilizzabile anche da chi diabetico non era.

Poi, giocando in casa, ovviamente il farmaco è stato ritirato con anni ed anni di ritardo rispetto alle altre nazioni. Non pensiamo soltanto alle morti, chissà quante persone hanno avuto un peggioramento delle loro condizioni di vita a causa di questo farmaco. O ancora, alle morti non direttamente correlate: danneggiano le valvole cardiache, magari di un soggetto predisposto ad ammalarsi di cuore, o che conduce uno stile di vita sregolato, e poi muore per infarto : la morte non viene correlata al Mediator, e si va avanti.

Per iniziare, dobbiamo andare lontani nel tempo, agli anni 90. Alcuni pneumologi francesi si accorsero che l'ipertensione arteriosa polmonare era decisamente più frequente nelle persone che utilizzavano un farmaco per dimagrire, la *fenfluramina*. Promossero uno studio pubblicato nel **NEJM** nel 1996: studio che dimostrava il chiaro legame tra l'assunzione del farmaco e la comparsa di questa malattia. Quando l'articolo fu pubblicato, il **New England** gli affiancò tuttavia un editoriale di commento che ridimensionava la portata dei risultati, malgrado lo studio fosse ineccepibile. Di lì a poco si scoprì che due degli autori del discusso editoriale, nonché consulenti della **FDA**, lavoravano anche per l'azienda **Servier**.

Lo scandalo scosse il mondo scientifico e mise in dubbio la reputazione di **NEJM** e **FDA**. Ma tutto ciò non fermò Servier che continuò le vendite. Pochi mesi dopo però un altro studio provò che il farmaco causava anche alterazioni alle valvole cardiache e così, finalmente, nel 1997 la **fenfluramina** e i suoi derivati furono ritirati dal commercio in tutto il mondo.

La casa produttrice negli USA pagò soltanto 3.75 miliardi di dollari in indennizzi.

E che c'entra questo con il Mediator? Beh, semplice: sono due farmaci fotocopia, perché la fenfluramina e il Mediator agiscono sullo stesso metabolita. E, come ogni altra azienda di questo mondo, i laboratori Servier negano tutto: n non sapevano niente.
E quando mai? Secondo la difesa, perchè adesso ci sarà un processo, non si sapeva nulla prima del 2009.
E l'Italia che ha ritirato il prodotto nel 2003? E lo studio su un farmaco identico, nel 1996?

La storia del Prozac

In questa storia, abbiamo la possibilità di vedere come viene generalmente approvato un farmaco – in questo caso **fluoxetina** – con la corruzione. Corruzione necessaria solo per uno sparuto numero di persone, che provvederanno ad autorizzare l'immissione in commercio, andando a falsificare i dati, e poi i medici, anche quelli in buona fede, che potremmo bonariamente definire ingenui, andranno a prescrivere questi finti rimedi come suggerito dalle linee guida.

Lo abbiamo già spiegato innumerevoli volte: **Big Pharma** esiste, e non ha bisogno di corrompere tutti. Conoscono l'ingranaggio e sanno quale meccanismo oliare affinché tutto vada come deve andare (a loro vantaggio) Ringrazio Critica Radicale per aver messo insieme questi pezzi.

Sapete di quale farmaco la **fluoxetina** è principio attivo? **Prozac.**

La fluoxetina, nota ai più come Prozac, uno dei primi **SSRI**, apparve alla fine degli anni 80 e i dirigenti della **Eli Lilly** volevano accantonarla dopo aver pensato di commercializzarla per i disturbi alimentari. Inizialmente la FDA fu scettica ed evidenziò gravi vizi nei trial della Lilly. [...] *Risulta anche che il 25% dei pazienti aveva preso un farmaco aggiuntivo e, quando la FDA nel 1985 escluse i pazienti che assumevano altri farmaci dal trial della Lilly, non risultava alcun effetto significativo dalla fluoxetina. Aggiungendo le benzodiazepine, la Lilly ha violato le regole per i suoi trial ma non ha informato la FDA, e quando la FDA lo ha appreso in seguito, l'agenzia lo ha autorizzato ugualmente violando così le sue stesse regole.*

L'ente tedesco di vigilanza sui farmaci trovò la fluoxetina "**totalmente inadatta per il trattamento della depressione**" e inoltre evidenziò che secondo le autovalutazioni dei pazienti la risposta era scarsa o inesistente diversamente dalle valutazioni dei medici. **John Virapen**, presidente della **Lilly** in Svezia scoprì chi fosse l'esperto indipendente che avrebbe esaminato la documentazione clinica per l'agenzia del farmaco svedese. Si trattava di Anders Forsman, psichiatra forense e membro del comitato legale del Consiglio nazionale svedese per la salute.

A **Forsman** la **fluoxetina** non piaceva affatto ma **Virapen** gli chiese cosa servisse perché il farmaco fosse approvato velocemente, **Forsman** suggerì 20.000 dollari "esentasse", oltre a finanziamenti copiosi per il suo dipartimento di ricerca. Metà del denaro doveva essere pagata subito e il resto dopo l'approvazione.

Dopo l'accordo le morti sono scomparse dalle note a piè di pagina, e secondo **Virapen** il tutto è passato da: "*Cinque hanno avuto allucinazioni e hanno tentato il suicidio, che quattro dei soggetti sono riusciti a compiere*" a "*Cinque degli altri soggetti hanno avuto effetti diversi*". **Forsman** scrisse anche la sua lettera di raccomandazione.
(Virapen J. Side effects: death. Virtualbookworm.com Publishing, College Station, 2010)

Quando venne messo di fronte ai suoi misfatti molti anni dopo, **Forsman** mentì.

Dichiarò di aver informato verbalmente il direttore dell'agenzia del farmaco svedese della sua collaborazione con la **Lilly** prima di ricevere l'assegnazione ufficiale (alla valutazione della fluoxetina), di aver menzionato il suo conflitto di interesse nel report e di aver spiegato i suoi contatti con la **Lilly** nel dettaglio, ma "*qualcuno*" al Ministero della Salute "*lo aveva cancellato*". Sia il direttore che un altro professore dell'agenzia del farmaco lo smentirono dichiarando che se lo avessero saputo, non avrebbero mai accettato un esperto con simili conflitti di interesse.

Nel 1990, solo due anni dopo l'immissione nel mercato della **fluoxetina**, uno dei consulenti legali, **Martin Teicher** e colleghi, descrissero sei pazienti che erano morti? Avevano tentato il suicidio? suicidi e avevano avuto reazioni bizzarre alla **fluoxetina**. Le osservazioni di **Teicher** erano molto convincenti ma la **Lilly** mentì a **Teicher** dicendogli che non esistevano dati a conferma delle sue osservazioni sui comportamenti suicidi.

I documenti interni della **Lilly** rivelarono successivamente che la **FDA** lavorava con l'azienda sulla questione suicidio e all'udienza successiva della **FDA** nel 1991, lo studioso della **Lilly** omise l'informazione che dimostrava che la **fluoxetina** aumentava il rischio di suicidio. .

Qualcosa di molto simile è accaduto con la **paroxetina**.

La storia della Paroxetina

Impedire che vengano messi in commercio farmaci generici?
Fatto

Falsificare studi per promuovere la vendita di farmaci dannosi?
Fatto

Vendere a bambini quei farmaci,e chi se ne frega se fanno male?
Fatto

Fare profitto anche a scapito della Salute.

Erano noti i problemi del **Paxil**. Rischi che la **GSK ha preferito tenere nascosti.**

Ma non hai tutti i torti quando questo antidepressivo può indurti al suicidio,o no? **Non stupisce di certo il fatto che questo farmaco abbia fruttato, dal 1997 al 2006, oltre 11.500.000.000 di dollari alla GSK.** La storia inizia nel 1994, con un deludente studio sull'efficacia della **Paroxetina**, sponsorizzato dalla **GSK**. Ci sono **11 reazioni avverse**, anche gravi. Ma non fa niente,viene detto che solo una singola reazione era legata all'assunzione della **Paroxetina** – un mal di testa. Comunque sia, sono stati truccati i risultati.

Quattro anni dopo, nel 1998, grazie ad un report interno della **GSK** scopriamo l'esistenza di un altro studio, oltre al 329. Parliamo dello "**Studio 377**" ma questo non va affatto bene. Lo togliamo dalla circolazione. Il trend dei risultati non era favorevole al Plaxil. Per quanto riguarda lo **studio 329**, la **GSK** non ha minimamente pensato di cambiare l'etichetta per dire che non era adatto agli adolescenti.

Peccato che questa notizia esca fuori soltanto sei anni dopo, nel 2004, grazie all'associazione dei Medici Canadesi. Ah, e come ciliegina sulla torta, l'articolo del 1994 è stato commissionato ad una azienda di marketing farmaceutico.

Basta poco per capire le intenzioni di una azienda.

E nel 2015, viene finalmente alla luce la vera natura della **Paroxetina** nel trattare la ***depressione negli adolescenti***.

Niente di diverso dal placebo.

3.000.000.000 di dollari di multa per aver ingannato su degli studi.
1.000.000.000 di dollari di risarcimento per oltre 400 suicidi, e la lista è ancora lunga.
Altri 50 milioni di euro di multa per aver impedito la vendita del generico del Plaxil.

Fino a che punto si arriva pur di fare soldi?

Sapete, la **GSK** si è anche difesa dicendo che non le era stato possibile cambiare l'etichetta: *niente di più falso, purtroppo.*
E' compito esclusivo di chi produce provvedere a eventualmente cambiare l'etichetta. Non esiste alcun blocco federale. Non hanno trovato un attimo in più di 10 anni.

Notizia di qualche anno fa: anche grazie alla testimonianza del **Dr. Breggin**, una famiglia ha ricevuto **11.9 milioni di dollari di risarcimento** a causa di un suicidio indotto dalla **Paroxetina**.

Un riassunto della vicenda?

Prima la **FDA** approva un farmaco dei cui effetti nefasti la **GSK** era a conoscenza.. Una volta che è stata scoperta, l'azienda accusa l'agenzia governativa. **Un rimbalzo di responsabilità**, un teatrino per il quale chissà quante ragazze e quanti ragazzi hanno perso la vita o semplicemente l'hanno peggiorata.

Tutto questo sapendo che, comunque, i guadagni avrebbero superato le eventuali multe.

E il gioco continua.

Safety and Efficacy of the BNT162b2 mRNA Covid-19 Vaccine

La storia dell'editoriale sul Comirnaty

Partiamo da questa semplice premessa su cui non ci sono dubbi: gli studi scientifici vengono spesso e volentieri mistificati. E per questo vanno, in ogni caso, presi sempre con le pinze. Le ragioni sono svariate: interesse dello sponsor, voglia dei ricercatori di arrivare alla pubblicazione, perché il mondo della ricerca è spietato e pur di guadagnare qualcosa, fama o denaro, si fa il possibile e anche l'impossibile; il desiderio dell'editore della rivista di vedersi citato più e più volte quel determinato articolo. E le aziende farmaceutiche poi riescono ad inventarsi di tutto: ricordiamoci dell'**Australian Journal of Bone** creato dalla **Merck** apposta per   sponsorizzare un farmaco. Fa sempre bene ripetersi. Ah, ad esempio i governi che a scatola chiusa hanno speso milioni e milioni di euro per un vaccino? E giustamente non possono vedersi vanificato lo sforzo? Ma lo dico così, tanto per parlare. D'altronde, quando **Randy Schekman** disse quelle parole da vincitore del Nobel, era perché era in realtà vecchio e voleva soldi e voleva diventare famoso.

Visto l'andazzo, possiamo vedere i pezzi di carta scientifici come la messa e la bibbia in latino, dove la scienza si fa religione e impedisce consciamente di vederci chiaro. Comunque ci proviamo ad unire i puntini.

Possiamo chiamarlo vaccino?

Eh sì, possiamo anche chiamarli **farmaci sperimentali**, e da un punto di vista formale sono davvero dei vaccini. C'è una curiosa timeline che voglio raccontare: sono cresciuto e ho studiato per anni questa definizione di vaccini, ed è stata sempre la stessa fino al 1 Settembre 2021.
Prima, questa era la definizione: un prodotto che stimola il sistema immunitario di una persona a produrre una specifica difesa e proteggere la persona da quella malattia.

In seguito, , dal settembre dello scorso anno, ecco cosa è diventato un vaccino: un preparato usato per stimolare la risposta immunitaria contro le malattie. Per puro caso, sicuramente, soltanto qualche settimana prima la direttrice del **CDC**, **Rochelle Walensky,** ammetteva sulla **CNN** che questi preparati non proteggevano dal contagio.

Tra l'altro, anche in maniera provocatoria se volete, adesso questa definizione si applica anche a quelli considerati tradizionali.

Cosa scrive l'editore del **NEJM** sul **trial Pfizer**?

"Questo è un successo."

Non riesco a capire come sia possibile sostenere una frase del genere, da un lato è sicuramente un mio limite,, ma come ripeto questo è il modello biomedico, per cui l'editore era sicuramente al meglio delle sue forze. E questo, per certi versi, scoraggia.

Il **New England Journal of Medicine** ha pubblicato **i primi risultati del trial di fase 2/3 del vaccino anticovid Pfizer, BNT162b2**. Come era stato anticipato dalle notizie già trapelate, il vaccino vanta *un'ottima efficacia*: dopo circa 100 giorni dalla vaccinazione, tra 18.198 vaccinati si sono avuti 8 casi di Covid-19, mentre tra 18.325 soggetti che hanno ricevuto il placebo si sono registrati 162 casi. Questa suddivisione dei casi corrisponde al 95,0% di efficacia del vaccino. L'incidenza cumulativa dei casi di Covid-19 nel tempo tra i destinatari del vaccino e del placebo inizia a divergere di 12 giorni dopo la prima dose.

Ci sono però dei problemi, e grossi.

Problemi evidenziati da **Doshi**, **Cosentino**, **Bellavite**, e tanti altri revisori. Problemi che sono venuti alla luce anche grazie al **caso Ventavia**: il **BMJ** ha denunciato una marea di **irregolarità nei trial**.
Possiamo quindi chiamarla scienza e onesto metodo scientifico?

Intanto è possibile che ci sia una sfasatura nella denuncia dei casi.

Per ragioni pratiche, gli investigatori si sono affidati ai partecipanti allo studio che segnalavano i sintomi e si presentavano per il test. I soggetti del gruppo placebo hanno ricevuto un' iniezione di soluzione salina, che ha causato molti meno sintomi del vaccino. I sintomi del vaccino sono in parte simili a quelli della malattia, per cui è possibile che i vaccinati fossero meno inclini a credere che i sintomi minori fossero dovuti al **Covid-19** e quindi meno propensi a sottoporsi ai test. Ed era anche lasciato il tutto al buon cuore dell'esaminatore: non sappiamo quanti test sono stati fatti o tantomeno a chi.

Guardiamo meglio alcuni aspetti, cominciando dalla differenza tra rischio relativo e rischio assoluto.

L'incidenza del **COVID-19** tra i non trattati è stata di 8,84 per 1000. Quella tra i vaccinati dello 0,439 per 1000, cioè 20 volte di meno (il che dà appunto un'efficacia del 95%). Ammettiamo che i dati siano veritieri (anche se ci sono i dubbi sopra citati, la differenza tra 162 e 8 è troppo grande per essere dovuta a possibili errori di quel tipo) e quindi partiamo dal dato che chi fa il vaccino avrebbe 20 volte meno di probabilità di prendere la malattia, in maniera relativa rispetto a chi non lo fa. Ma quanto è il vantaggio reale, concreto, per la differenza di rischio in termini assoluti? In termini assoluti il maggior rischio di prendere il COVID-19 in 100 giorni per i non vaccinati è stato di 162 meno 8 = 154 su 18325, cosa che corrisponde a 0,8%di probabilità in più di ammalarsi genericamente di COVID-19 di chi non si è vaccinato.

Così hanno **giocato con i numeri**, entrambi veri e che rispecchiano due mondi completamente opposti: meglio sbandierare l'efficacia del 95% o dire che se non ti vaccini alla fine hai 1% in più di probabilità di ammalarti?

Di una malattia che ormai dopo anni, ma si sapeva già dal momento uno, ha un tasso di asintomatici superiore al 95%?

Se te l'avessero raccontata in questo modo, l'avresti presa in considerazione l'idea di vaccinarti? Senza parlare del ricatto pur di aumentare la percentuale di vaccinati.

Guardando lo stesso dato secondo una prospettiva di sanità pubblica, per evitare un solo caso di **COVID-19** (di qualunque gravità, compreso un colpo di tosse) nel periodo considerato hanno dovuto vaccinare più di 100 persone. Questo non dipende dall'inefficienza del vaccino ma dalla bassa probabilità di ammalarsi. Sapendo poi che la presunta protezione dura circa 3 o 4 mesi, di che cosa stiamo parlando esattamente?

Poi andiamo a vedere la tabella S5 in cui si parla dei casi "gravi". Guardando al dato dei casi gravi insorti dopo la seconda dose (cioè con immunizzazione piena), essi sono stati 1 su 21314 vaccinati e 4 su 21259 trattati col placebo. La differenza di incidenza è di 3 su 20.000. In altri termini, se è vero che i vaccinati sono stati maggiormente protetti, chi non si è vaccinato ha avuto 1 probabilità su 7000 di avere un **COVID-19** in forma grave. Se vogliamo vedere le cose da un'altra prospettiva, possiamo dire che per ottenere il risultato di evitare un caso di **COVID-19** grave hanno dovuto vaccinare 7000 (settemila) persone.

*Ci rendiamo conto o no? 7000 persone vaccinate per evitare un singolo caso di malattia grave. Emozionante la maniera in cui il modello biomedico ragiona con i numeri: per un danneggiato da vaccino chissenefrega, ma per quel singolo salvato dal **Covid** mettiamone a rischio 6999.*

Per quanto riguarda le reazioni avverse, queste si sono presentate in più del 50% dei vaccinati (soprattutto stanchezza, mal di testa e dolori muscolari) nella prima settimana e in più del 25 % nei tempi successivi. Le differenze rispetto al placebo erano molto nette, e nella seconda dose la reattogenicità era più comune e più grave. Cosa può significare? Che già il sistema immunitario era stimolato dopo la prima dose. Abbiamo aspettato poi la quarta dose prima di sentir parlare di "*anergia*".

Tra i vaccinati, due morti. Tra i non vaccinati, quattro. Nessun decesso è stato considerato dagli investigatori correlato al vaccino o al placebo. Quello che salta agli occhi, è la causa di morte scelta per quelli vaccinati. Arresto cardiaco e arteriosclerosi: la causa più ovvia di morte e un sintomo. Ripeto, se vogliamo vivere nell'utopia dei balocchi, nessun problema. Chi si è occupato di stilare la cosa aveva idea di cosa stesse facendo?

Bisogna poi ricordare che lo studio è stato interrotto.
Aggiungiamo anche che, una volta interrotto, ai partecipanti è stata proposta la vaccinazione.

Una scelta etica per alcuni, una scelta che ha mozzato gli studi sulla sicurezza per gli altri.
Se sono tutti vaccinati, come si possono portare avanti gli studi con il gruppo di controllo?

Ed è stato fatto tutto alla luce del sole. Privilegiare l'efficacia (discutibile, come si è visto) sulla sicurezza è poco etico e poco scientifico. Se poi lo si facesse per ragioni commerciali, sarebbe una scelta definibile con altri aggettivi.

Vaccini e tamponi: figli di una mentalità distorta e distaccata dalla realtà

Un tampone positivo non è un malato in più.

Quante volte lo abbiamo ripetuto?

Seriamente, ho davvero perso il conto. Un discorso fatto più e più volte ma, considerata la situazione, ripetere non fa mai male. La contagiosità, la malattia, la capacità di trasmettere una malattia: basi di Sanità Pubblica (che comunque ricordo come rientrino sempre nella logica binaria e ritrita della lotta tra salute/malattia). Scopriamo anche una possibile spiegazione per tutte quelle persone che, una volta negative, sono ritornate positive al tampone! Tra l'altro, rimanendo in tema tamponi, l'OMS ha cambiato le carte in tavola perché ci si è accorti che l'isolamento può avere ripercussioni sulla persona che rimane in casa. Dopo siamo tutti bravi vero?

Così come il tampone non è garanzia di esser sani, il vaccino non è garanzia di protezione. Ma questa riflessione non nasce con le nuove piattaforme ad RNA, andiamo a parare su quelle tradizionali.

Le coperture vaccinali sono indipendenti dall'incidenza di una malattia

Andiamo in Mongolia, a raccontare l'ennesima storia.

Nel 2014 la Mongolia è stata dichiarata morbillo-free dall' OMS, con grandi feste e celebrazioni nel paese. il riconoscimento arriva dopo 3 anni in cui si sono verificati 0 casi di malattia.
Tutto bellissimo, morbillo sconfitto, 99% di copertura vaccinale.

«È uno dei più bei giorni della mia vita - ha dichiarato **Ulziidelger Unenbat,** *operatrice vaccinale da più di vent'anni - Non ho mai smesso di spiegare ai genitori l'importanza di vaccinare i propri figli. E vivo questo successo della Mongolia contro il morbillo anche come una vittoria personale».*

Jalkhaa Kupul, consulente del Centro nazionale di sanità pubblica del Ministero della salute della Mongolia, spiega: «*Dal 1920 al 1950, in Mongolia, praticamente tutti i bambini si ammalavano di morbillo , che tra il 1960 e il 1980 era una delle principali cause di morte al di sotto dei 4 anni di età*».

Adesso ci spostiamo in Europa, e valutate con i vostri occhi.

Tutti i dati provengono dal sito dell'Organizzazione Mondiale della Sanità, e sono stati elaborati graficamente da **Corvelva**.

Anno	Casi di morbillo	Coperture vaccinali nell'anno precedente
2007	595	88,3
2008	5.312	89,6
2009	759	90,1
2010	3011	90,0
2011	4671	90,6
2012	622	90,1
2013	2.269	90,0
2014	1.695	88,3
2015	254	86,7
2016	865	85,2
2017	4753	87,3

Tabella 7. Andamento dei casi di morbillo e delle coperture vaccinali in Italia negli ultimi 11 anni

Dati Epicentro - Ministero delal Salute

Partiamo dall'Italia che si distingue per la mancanza di dati rispetto agli altri paesi europei che prenderemo in considerazione.

Ma prima, vi mostro una tabella presa dal libro di **Paolo Bellavite "Vaccini si, obblighi no"** che dimostra come coperture vaccinali e casi di morbillo siano assolutamente non collegati.

Notate anche voi? Necessario commentare?
L'immagine parla da sola.

In Spagna succede questo: le coperture del DTP sono costanti nel tempo e su-periori al 95%. Eppure, dai 2.342 casi del 2013, siamo arrivati ai 4.633 nel 2017. Questo aumento quasi del 100%, sarà stato causato dagli italiani che vanno in vacanza? Guardiamo la parotite: siamo passati da 14.000 casi a 5.000 casi e poi 10.000 casi. La coerenza delle malattie.

In Francia, guardiamo attentamente l'andamento della pertosse : coperture vaccinali negli ultimi 5 anni superiori al 95%, la prima dose 99% costante. Eppure, i casi salgono e scendono : 165 nel 2013, 47 nel 2015, 155 nel 2017.

Con la Germania, andiamo a vedere sempre la pertosse : coperture vaccinali superiori al 95% negli ultimi 5 anni, costanti 99% e 95%. Sta funzionando questo effetto gregge? Dai 12.260 del 2014 ai 16.183 del 2017, aumento del 30%.

Spagna [32]

	2017	2016	2015	2014	2013
Difterite	0	1	1	-	0
Tetano	3	10	3	-	13
Pertosse	4.633	4.892	-	-	2.342
Coperture DTP1	98%	98%	98%	98%	98%
Coperture DTP3	98%	97%	97%	97%	96%
Morbillo	161	37	115	154	131
Parotite	10.082	4.999	-	-	13.951
Rosolia	161	37	115	154	131
Coperture MPR1	97%	97%	96%	96%	95%
Coperture MPR2	93%	95%	95%	93%	93%
Polio	0	0	0	0	0

Francia [33]

	2017	2016	2015	2014	2013
Difterite	6	8	15	6	5
Tetano	4	4	-	-	10
Pertosse	155	56	47	84	165
Coperture DTP1	99%	99%	-	99%	99%
Coperture DTP3	96%	96%	97%	98%	99%
Morbillo	519	79	157	267	272
Parotite	155	56	47	84	165
Rosolia	2	2	2	-	-
Coperture MPR1	90%	90%	91%	91%	90%
Coperture MPR2	80%	80%	79%	77%	75%
Polio	0	0	0	0	0

Germania [31]

	2017	2016	2015	2014	2013
Difterite	11	9	14	9	2
Tetano					
Pertosse	16.183	13.809	9.000	12.260	
Coperture DTP1	99%	99%	99%	99%	99%
Coperture DTP3	95%	95%	95%	95%	95%
Morbillo	929	326	2'464	443	1'771
Parotite	652	741	699	837	
Rosolia	74	95	90	151	
Coperture MPR1	97%	97%	97%	97%	97%
Coperture MPR2	93%	93%	93%	93%	93%
Polio	0	0	0	0	0

Ma vogliamo analizzare un altro numerino? Guardiamo morbillo e rosolia: coperture costanti, 97% e 93%, situazioni opposte. Nel 2014, 443 casi di morbillo e 151 casi di rosolia ; nel 2017, 929 casi di morbillo e 74 casi di rosolia. Una aumenta del 50% e una diminuisce del 50%: non dovrebbe mandare un bel segnale di cortocircuito alle autorità sanitarie?

Se ancora non è bastato, possiamo passare ad un esempio diretto: uno studio portato avanti su circa 3000 contee americane, pubblicato sul giornale europeo di Epidemiologia:

Il paradosso islandese

L'Islanda, una isola di circa 340.000 abitanti che dall'inizio di questa situazione ha fatto registrare 30 morti e meno di 8.000 positivi, si trova in una condizione che non avrebbe potuto immaginare.

A fine Giugno 2021, queste sono state le parole pronunciate dal ministro della Salute, **Svandís Svavarsdóttir**:

"L'agenda per il programma vaccinale è stata completata, così come quella per la rimozione   delle restrizioni per gli assembramenti. Stiamo riconquistando quel tipo di società in cui ci sentiamo nella normalità, e aspettavamo questo momento da quando sono state promulgate le prime restrizioni più di un anno fa, dal Marzo 2020."

Si, in Islanda la quasi totalità delle persone vaccinabili ha già ricevuto la seconda dose: sono rimasti fuori soltanto gli U16, risparmiati dalle politiche ministeriali che hanno detto no alla inoculazione in questa fascia d'età, come ci riporta il sito islandese dedicato al **covid**. Interessante come i portali dedicati alle statistiche non abbiano incluso nel conteggio anche questa scelta, perché noi possiamo vedere come la percentuale sia superiore al 70%, ma è rapportata al totale della popolazione! Quelle 70 mila persone che non si sono inoculate, rientrano nella fascia 0-15.

La rimozione delle restrizioni a livello nazionale è avvenuta il 26 Giugno, e 5 giorni dopo sono state rimosse alcune limitazioni per l'ingresso nel paese. Infatti, dal 2 Luglio, sono state riaperte senza restrizioni le frontiere per gli inoculati, e non so quanti altri Stati al mondo abbiano permesso l'accesso con ben 8 preparati diversi: l' importante è averlo fatto no?

Cambio di rotta: le parole del capo epidemiologo.

Tutti vaccinati, non ci sono più casi, limitazioni rimosse: sembra l'inizio di un momento migliore per l'Islanda.

Neanche 4 settimane dopo, le limitazioni ritornano in auge, dal 27 luglio: pub chiusi a mezzanotte, mascherine nei luoghi al chiuso, stop agli assembramenti con più di 200 persone, e reintroduzione del tampone per i vaccinati che arrivano sull'isola

Poco tempo dopo, **Þórólfur Guðnason**, epidemiologo di riferimento per il governo islandese, si è espresso così

"Nonostante l'elevato tasso di vaccinazione , non possiamo escludere che questi lockdown possano tornare nel corso dei prossimi anni. Ma questo lo abbiamo sempre detto e saputo, che è una situazione non prevedibile e quindi non possiamo sapere cosa succederà in futuro, magari si scopre qualcosa

di nuovo sul virus che cambia quello che sapevamo fino a qualche mese fa. Se questa pandemia non finirà nel mondo, non finiràin Islanda."

A metà Luglio invece, prima che scoppiasse questa situazione, altre dichiarazioni da un briefing governativo realizzato assieme al *responsabile della Protezione Civile*, **Víðir Reynisson**:

"Abbiamo rimosso le restrizioni il 26 giugno perché la situazione era sotto controllo, e da inizio luglio abbiamo smesso di fare tamponi alle persone che venivano dall'estero, questo perché il tasso di vaccinazione era buono e le infezioni dei vaccinati erano basse. Qualche giorno fa abbiamo riscontrato 10 positivi, tutti e 10 vaccinati, tra i 20 e i 50 anni. La maggior parte degli islandesi è vaccinata, per questo non abbiamo riattivato le restrizioni, e non posso dire quanto ancora dureranno queste restrizioni, un mese, un anno, non lo so."

Queste invece alcune sue ultime dichiarazioni, sempre in un breafing governativo con il responsabile della Protezione Civile:

"Nelle ultime settimane la Delta ha preso il sopravvento su tutte le altre varianti. E abbiamo anche notato come le persone inoculate possano contrarla in maniera relativamente semplice e diffondere l'infezione. Circa la metà degli ospedalizzati adesso è vaccinata. Nessun bambino è stato ospedalizzato in questa ondata."

Prima cosa, contagiarsi non vuol dire ammalarsi o essere in grado di contagiare altre persone. Come suggerisce questo grafico da Reuters, nonostante un focolaio nell'ultima settimana, non si sono registrate morti. Giustamente, ricordiamolo, parliamo di una condizione che lascia indenni in media nel 95% dei casi, e il cui tasso di letalità è compreso tra lo 0.3 e lo 0.6%, **Palù dixit.**

La considerazione più grande quindi è: perché obbligare le persone ad un trattamento sanitario ancora sotto sperimentazione- e di cui probabilmente non vedremo mai i risultati finali- approvato attraverso delle procedure d'emergenza?

Uno dei grandi problemi della medicina dei nostri giorni è rappresentato dalla incapacità di affrontare l'imbarazzo, e per questo fare doppiamente brutta figura. Non ci sarebbe niente di male nel dire *"vedete, per gli studi che abbiamo portato a termine_ ricordando che uno studio clinico non è nemmeno lontanamente paragonabile al mondo reale_ la probabilità assoluta che tu, sottoponendoti a questo trattamento di cui nessuno di noi è responsabile non ti ammali, è compresa tra lo 0 e l'1%. "*

Viviamo in un mondo globalizzato, e che si ostina a osservare la malattia esclusivamente sotto il profilo biologico: è impossibile poter continuare così perché non se ne può più uscire.

Quindi fino al 30 giugno le persone vaccinate potevano entrare in Islanda mostrando il certificato di vaccinazione o di avvenuta guarigione, con un test pcr all'arrivo, con l'attesa al domicilio di un paio d'ore fino al responso. Questo è tuttora valido per i non vaccinati, mentre per i vaccinati nel periodo compreso tra il 2 e il 27 luglio, non è stato necessario effettuare un test all'arrivo.

Dato che la percentuale di vaccinati è altissima, è possibile che siano stati gli inoculati a portare questo nuovo focolaio? Oppure verranno accusati i bambini e per questo le autorità islandesi faranno dietrofront?

Fun Fact: per le persone che hanno ricevuto la singola dose **J&J**, la maggioranza nell'isola, il ministero ha offerto dosi di **Pfizer** o **Moderna** come booster immunitario.

Leicester e il vaiolo: un viaggio nel passato

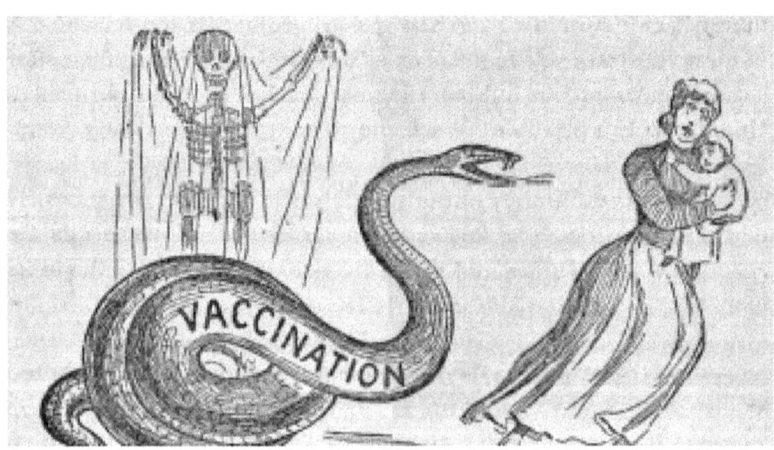

Dopo aver letto queste riflessioni contemporanee, voglio fare un tuffo deciso nel passato. Era il marzo del 1885 e dopo un lungo rigido inverno la città manifatturiera di Leicester in Inghilterra si godeva una delle prime belle giornate di primavera.

A migliaia dalle zone limitrofe, dalle cittadine circostanti si sono riuniti in **protesta** contro ciò che sentivano come una legge ingiusta imposta da loro governo britannico.

Sebbene la vaccinazione contro il **vaiolo** fosse in uso sin dal 1800, il governo non aveva introdotto alcun obbligo prima dei decreti del 1840 e del 1853.
La legge del 1853 mise in piedi l'apparato governativo per esigere che ogni bambino fosse vaccinato entro tre mesi dalla nascita. Attraverso una serie di leggi nel corso degli anni il governo britannico aveva, al tempo della protesta di Leicester, reso un crimine il rifiuto della vaccinazione antivaiolosa punibile con contravvenzioni o carcerazione.

Il «**Vaccination Act**» del **1867** consolidò le leggi esistenti in tema di vaccini e istituì una contravvenzione per i genitori che non avessero presentato i propri figli alla vaccinazione entro tre mesi dalla nascita.

A dispetto dell'azione del governo per assicurare un altissimo tasso di vaccinazione, una massiccia epidemia di vaiolo colpì non soltanto Leicester ma tutta l'Inghilterra e altre parti del mondo nei primi anni Settanta del 1800.

L'*epidemia di Leicester* comportò migliaia di casi di vaiolo e centinaia di morti scuotendo fin nel profondo la fiducia di molte persone nei poteri protettivi del vaccino.

«Deve colpire l'osservatore riflessivo quanto assai singolare sia il fatto che tutte le recenti epidemie di vaiolo siano apparse fra popolazioni in cui le leggi che obbligano al vaccino siano state portate avanti con rigorosa sistematicità. Il 96% dei nuovi nati a Londra sono protetti dal vaccino» (1884, "Leicester Mercury").

Le leggi all'inizio erano state approvate dopo che le persone avevano rifiutato il vaccino una volta notate le conseguenze negative. In seguito, si erano sottomesse a causa delle nuove leggi e tuttavia erano ancora colpite da epidemie mortali di vaiolo. Dopodiché, sempre più persone si erano andate ribellando.

Per quanto fosse contrario alla logica, il governo aveva deciso di incrementare il tasso di vaccinazione ricorrendo a ufficiali sanitari che avrebbero perseguitato i genitori che rifiutassero di vaccinare i propri figli.

«Le azioni penali nelle città aumentarono dalle 2 del 1869 alle 1.100 e più del 1881, e il totale in quei 12 anni fu di oltre 6.000. Di queste 64 avevano portato all'arresto e 193 al pignoramento» ("British Medical Journal", 18 dicembre 1948)

Le contravvenzioni ricadevano in modo sproporzionato sui poveri che, se non potevano permettersi di pagare la penalità per non aver ottemperato alla legge vaccinale, sarebbero stati costretti a compensare il pagamento dovuto con pignoramenti e vendita dei propri beni.

A causa degli esiti gravi e talvolta fatali della procedura e del sostegno decisivo del governo alla vaccinazione forzata per mezzo di contravvenzioni e arresti, le persone erano motivate alla rivolta. In gran numero si riversarono sulle strade di Leicester per protestare...

Al tempo della dimostrazione migliaia di procedure penali venivano condotte contro i genitori che rifiutavano la vaccinazione per i figli.

«Al momento ci sono più di 5000 persone citate in giudizio per essersi rifiutate di adempiere alla legge...le citazioni in giudizio per l'anno 1884 non erano state che 7, ovvero un po' più di uno ogni due mesi, mentre al momento ogni settimana vengono fatte udienze o disposte convocazioni in numero di 45» ("The Times", 24 marzo 1885).

Era un'atmosfera festosa con la musica e centinaia di bandiere e striscioni dispiegati che dicevano cose come «la libertà è un nostro diritto di nascita e libertà è ciò che chiediamo», «le leggi oppressive rendono la gente scontenta», «i tre pilastri della vaccinazione: Frode, Forza e Follla», e «non imploriamo più, noi pretendiamo il controllo sui nostri figli

Sia le scenografie, sia i motti erano molto copiosi. Una rappresentava una effigie del dottor Jenner con l'iscrizione "*infanticida*", un'altra era un intero corteo funebre che consisteva in una bara su un catafalco aperto, persone in lutto, ecc., e l'iscrizione "*Un'altra vittima del vaccino*"...»
("The Leeds Mercury", 24 marzo 1885).

Il lungo corteo di 2 miglia sfilò due ore per la città ricevendo il sostegno a sé stante ed entusiasta delle persone in vari punti lungo il percorso. I cittadini dimostrarono il loro sostegno agitando striscioni con bandiere e motti lungo la strada. Gli organizzatori dell'evento stimano che il numero dei partecipanti fosse stato fra gli 80.000 e i 100.000.

«Molti dei presenti avevano sofferto per via delle leggi, e tutto quello che chiedevano era che in futuro, loro e i propri figli, potessero essere lasciati in pace. Una vasta e crescente porzione del pubblico era dell'opinione che il miglior modo di sbarazzarsi del vaiolo e malattie analoghe fosse l'utilizzo di molta acqua, buon cibo, case luminose e arieggiate, assicurandosi che la giunta comunale tenesse le strade pulite e le fogne in buono stato». («Leicester: sanitation versus vaccination», 1912).

Queste persone impavide volevano poter decidere per la propria salute e quella dei propri figli e così combattevano per l'autodeterminazione.

«La spaventosa mortalità da vaiolo in una Leicester del tutto vaccinata e presumibilmente ben protetta, negli anni 1871-72, ebbe l'effetto di distruggere la fede della gente nel vaccino "protettivo". Il risultato fu che i poveri come i ricchi, i lavoratori e gli aristocratici, e le autorità municipali iniziarono a rifiutare il vaccino per i propri figli e per se stessi. I rifiuti proseguirono fino al 1890 quando, anziché il 95%, la vaccinazione raggiunse solo il 5% circa di tutti i nuovi nati» ("Twentieth Century Magazine", 16 gennaio 1911).

La reazione pubblica culminò in Inghilterra nella **grande manifestazione di Leicester del 1885.**

Quello stesso anno la giunta municipale di Leicester, che aveva fatto pressione per la vaccinazione attraverso l'uso di contravvenzioni e arresti, venne sostituita da una nuova giunta che si opponeva all'obbligatorietà del vaccino. Già nel 1887 i tassi di copertura vaccinale erano scesi al 10%.

Il **«Metodo Leicester»** *si affidava alla quarantena per i pazienti affetti da vaiolo e alla disinfezione completa delle loro abitazioni.*

«Il Metodo consiste in questo: non appena emerge un caso di vaiolo, il medico, il proprietario sono obbligati a dichiararlo subito in municipio, pena una sanzione. Viene subito chiamata l'ambulanza preposta ai casi di vaiolo, che si occupa di tutte le procedure del caso, e così, nell'arco di poche ore, il malato è al sicuro in ospedale. La famiglia e gli abitanti della casa vengono messi in quarantena, in ambienti confortevoli e la casa viene disinfettata da cima a fondo. Il risultato è che sotto ogni aspetto la malattia viene debellata in modo pronto e completo a un costo esiguo».
("The Times", 24 marzo 1885)

Per quanto era chiaro che il "**Metodo Leicester**" fosse superiore al vaccino, coloro che con forza sostenevano la validità della vaccinazione, credevano che l'immunità goduta dalla città di Leicester fosse momentanea e che prima o poi la cittadina avrebbe sofferto di una vasta epidemia di vaiolo.

Sir D. Corrigan, medico esponente del comitato del 1871 affermò a proposito del Vaccination Act: *«un bambino non vaccinato è come un sacchetto di polvere da sparo che potrebbe far esplodere l'intera scuola e pertanto non dovrebbe essere ammesso a scuola a meno che non sia vaccinato»* ("Twentieth Century Magazine", 16 gennaio 1911).

«Saranno i bambini non protetti coloro sui quali il flagello si abbatterà con maggior forza, e le campagne circostanti patiranno le conseguenze di un' epidemia». ("Boston Medical and Surgical Journal", 16 aprile 1885).

Esco un attimo dal racconto per dire soltanto *"passano gli anni ma gli slogan rimangono, al massimo evolvono"*

La profezia che alla fine sarebbero stati flagellati da un disastro non si avverò mai.

Leicester godette del miglior successo contro il vaiolo rispetto ad altre città inglesi con alti tassi di vaccinazione. **Nel 1893 il vaiolo esplose nei distretti ben vaccinati di Mold nel Flintshire,** in Inghilterra, ed ebbero un **tasso di mortalità 32 volte più alto di quello di Leicester.**

Persino dopo 30 anni dal successo dell'esperimento di Leicester, vi erano coloro i quali ancora pensavano che alla fine un disastro avrebbe colpito *"gli sciocchi non protetti"* che non erano a favore della vaccinazione.

Un articolo dal 1914 sul "New York Times" affermava:

«possiamo predire senza timore di sbagliare che una terribile resa dei conti si abbatterà sull'Inghilterra. Potrebbe essere giusto affermare che questo sia il sistema della natura per eliminare gli sciocchi che non hanno abbastanza buon senso per vivere in moderne comunità, ma tra i defunti ce ne saranno molti che sono stati tratti in inganno da uomini considerati esperti degni di fede» ("New York Times", 5 aprile 1914).
Dicono le stesse cose 104 anni dopo, certo che sono noiosi e incrollabili, no?

La vaccinazione contro il vaiolo è stata sospesa quasi 100 anni più tardi, ma il fatto che la pratica fosse superflua e avesse causato inutili sofferenze e morte non fu mai riconosciuto o ammesso. Invece, nonostante tutti i gravi problemi che aveva generato e la mancanza di prove che ne dimostrino l'efficacia, è ancora difesa come esemplare nel promuovere la fede odierna nei vaccini.

Il 1948 pose fine alla vaccinazione obbligatoria in Inghilterra.

Dopo **l'epidemia del 1872 a Leicester i tassi di vaccinazione insieme a quelli di mortalità da vaiolo scesero**. Al contrario di quello che gli entusiasti del vaccino dicono oggi, la mortalità complessiva dei bambini diminuì dopo il 1885 mentre i tassi di vaccinazione precipitarono. Decenni di rigide leggi sulla vaccinazione non fecero assolutamente nulla per migliorare la generale aspettativa di vita dei bambini nelle varie fasce di età.

«Contrariamente alla convinzione popolare, il vaiolo non è stato eradicato dalla vaccinazione di Massa» ("History Today", marzo 1999).

L'esperimento durato più di 60 anni non solo ha attestato il successo del metodo, ma ha anche dimostrato che il pensiero scientifico considerato comprovato poteva essere in errore.

Nel 1911 il **dottor J. W. Hodge** disse: *«l'esperienza della non vaccinata Leicester apre gli occhi alla gente e rappresenta una spina nel fianco per tutti i vaccinisti del mondo. Ecco una grande città manifatturiera con una popolazione di quasi un quarto di milione di abitanti che ha dimostrato, con la prova cruciale di un'esperienza che dura ormai da più di un quarto di secolo, che una popolazione non vaccinata è di gran lunga meno suscettibile al vaiolo, e di gran lunga meno afflitta da quella malattia, da quando ha abbandonato la vaccinazione, rispetto a quanto lo fosse al tempo in cui il 95% dei nuovi nati erano vaccinati e la popolazione adulta era vaccinata più volte»* ("Twentieth Century Magazine",16 gennaio 1911).

Andiamo negli Stati Uniti, vicenda del 2002 raccontata dal **New York Times.**

Un bambino di 2 anni ha trascorso sette settimane in ospedale ed è quasi morto per un'infezione virale che ha ricevuto dalla vaccinazione antivaiolosa che suo padre ha fatto prima di partire per l'Iraq, secondo un rapporto del governo e dei medici che lo hanno curato.

Il bimbo si è ammalato all'inizio di marzo, due settimane dopo che suo padre è stato trattenuto dal partire e gli è stato permesso di fare un viaggio di ritorno a casa. Nelle settimane successive ha sofferto di insufficienza renale e ha perso gran parte della sua pelle a causa della malattia, l'eczema da vaccinazione.

Gli esperti hanno detto che il padre, che ha avuto l'eczema nell'infanzia, non avrebbe mai dovuto ricevere il vaccino perché questo fatto lo ha reso più suscettibile a effetti collaterali come l'infezione da vaccinia (il virus del vaccino, quello utilizzato per l'antivaiolosa. Diciamo della stessa famiglia, che dovrebbe dare un' immunità crociata e come sintomi un "vaiolo leggero". Peccato che possa diffondersi attraverso il sito di iniezione).

E hanno detto che i medici militari avrebbero dovuto essere doppiamente cauti perché anche il figlio soffriva di eczema e sarebbe stato altamente suscettibile alle infezioni.

Le procedure militari richiedono che i soldati e le loro famiglie si interroghino su queste condizioni. Questo in teoria, poi in pratica sappiamo cosa avviene, ad esempio grazie al progetto **SIGNUM** italiano.
Il vaiolo è stato dichiarato ufficialmente eradicato dall'Organizzazione Mondiale della Sanità nel 1979 e l'inoculazione di personale militare è stata sospesa nel 1990. Ma dopo gli attacchi terroristici dell'11 settembre 2001 e i successivi casi di antrace inviati per posta, il governo americano ha iniziato a vaccinare il personale militare e molti operatori sanitari, con 1,2 milioni di vaccinati nel marzo del 2002. Da quel momento, diversi casi sono stati segnalati.

Come un poco quei casi di poliomielite che venivano chiamati diversamente per evitare l'aumento del numero di segnalazioni, ma poi la sostanza era quella.

Un resoconto del caso è stato pubblicato: è stato portato all'ospedale pediatrico dell'**Università di Chicago Comer Children's Hospital** il 3 marzo.

Il **Dr. Madelyn Kahana**, primario di pediatria in terapia intensiva, ha detto in un'intervista che il bambino era stato coperto con *"tumuli di vaiolo"* che gli hanno ricordato di foto di api che brulicano sopra gli apicoltori. *"Sono un veterano con 25 anni di pratica nell'unità di terapia intensiva, e pensavo di aver visto tutto. Ma questo era qualcosa di stupefacente da vedere".*

Mentre il **Dr. John F. Marcinak**, un professore associato di pediatria che ha lavorato 16 ore al giorno con il bimbo, ha detto che nelle prime settimane del caso, *"era davvero una toccata e fuga per le visite"*

I medici hanno dato al ragazzo narcotici per renderlo incosciente e farlo smettere di soffrire. Hanno anche inserito un tubo di respirazione e lo hanno messo in ventilazione meccanica per contrastare i problemi respiratori che possono venire con dosi pesanti di narcotici. Un pò una fotografia della medicina, ma anche del mondo in generale: creare problemi e fornire soluzioni.

Poi hanno lavorato con il **CDC** per ottenere le spedizioni di '**Vaccinia Immune Globulin Intravenosa**'. Hanno anche usato un farmaco antivirale, '**Cidofovir**'. Quel farmaco, che in alcuni casi è stato associato a problemi renali, può aver causato un'altra crisi in cui i reni del ragazzo hanno iniziato a crollare e il suo addome a riempirsi di liquido. E l'hanno tagliuzzato per togliergli la pelle e sistemare l'addome. Poi anche la madre si è infettata e ha condiviso la stanza con il figlio, mentre veniva tagliuzzato:

"Sembrava che stesse per morire. Poi la pelle è cresciuta ad un ritmo fenomenale. Guarito grazie alla buona cura, molta fortuna, e forse intervento divino", un'altra frase del **dottor Kahana**. Praticamente non sanno come, ma è guarito. Almeno, una storia a lieto fine.

Perché la campagna vaccinale è stata un fallimento?

Adesso, dopo aver viaggiato nella storia delle vaccinazioni, vediamo velocemente perché questa campagna vaccinale è stata un fallimento. Non esiste soltanto la dimensione medica e dei numeri: è inequivocabile, la strategia mondiale di vaccinazione ha di fatto aumentato prevaricazioni e discriminazioni a tutto tondo. Come posso dimenticare di aver vissuto sulla mia pelle un vero e proprio Apartheid?

La campagna vaccinale è stata un fallimento sotto diversi punti di vista:

- Sociale, perché parliamo di una metodica a basso costo, iniettabile in prefabbricati, utilizzabile in ogni parte del mondo.

Piuttosto che investire nelle infrastrutture, si preferisce delegare la propria salute in questo modo.

- Etico, perché ricattare le persone per invogliarle a sottoporsi ad un trattamento sanitario sperimentale, non è proprio il miglior biglietto da visita per i governi e le varie istituzioni.
- Medico, perché il riduzionismo poteva andare bene nel 1600: continuare con questa logica non ci porterà da nessuna parte
- Pratico, perché la lentezza della campagna ha mostrato ancora meglio quali siano i limiti delle vaccinazioni

Andiamo ad analizzare alcune grafiche del 2021 realizzate da Luca Pacioli.

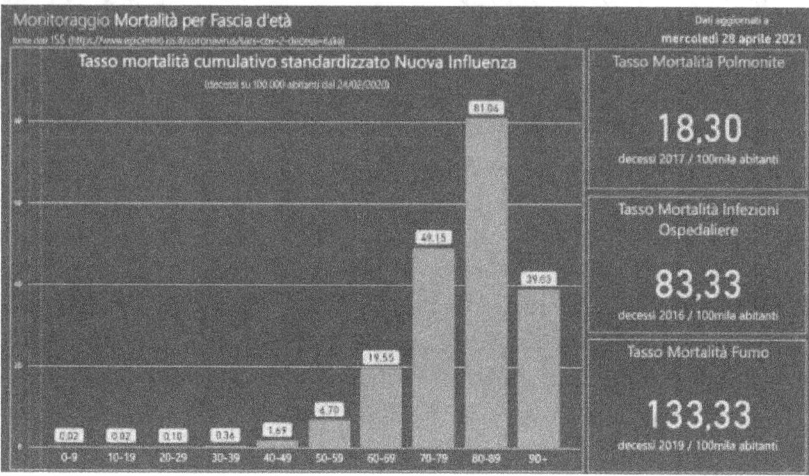

Le immagini parlano da sole: abbiamo parlato letteralmente del nulla.

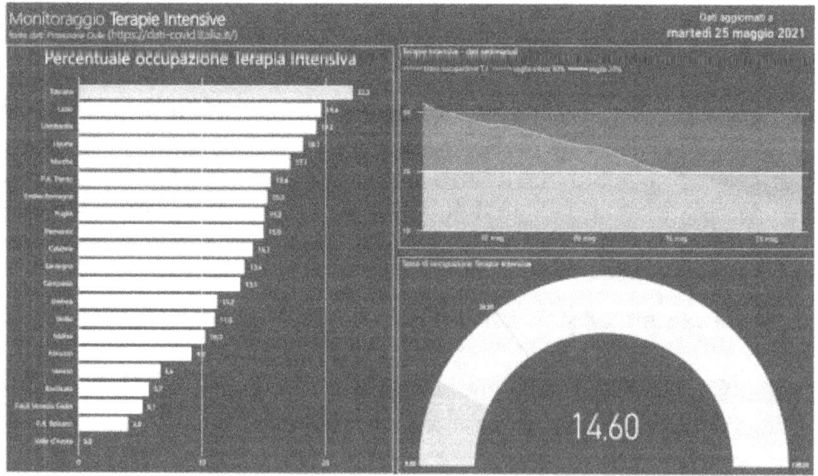

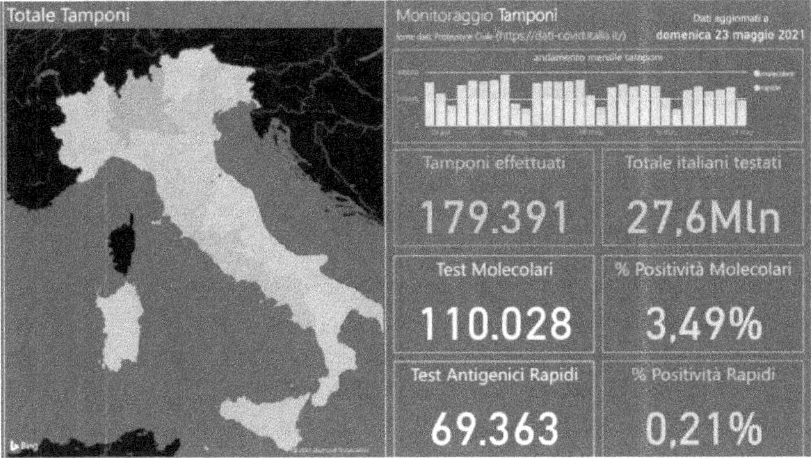

Quindi, ricapitolando: i contagi diminuiscono, le terapie intensive si svuotano, e tutto questo con una percentuale di vaccinazioni complete inferiore al 17%. Sarà deontologicamente scorretto, ma accadrà: i meriti di tutto questo andranno alle vaccinazioni. Per fortuna, i numeri ci sono.

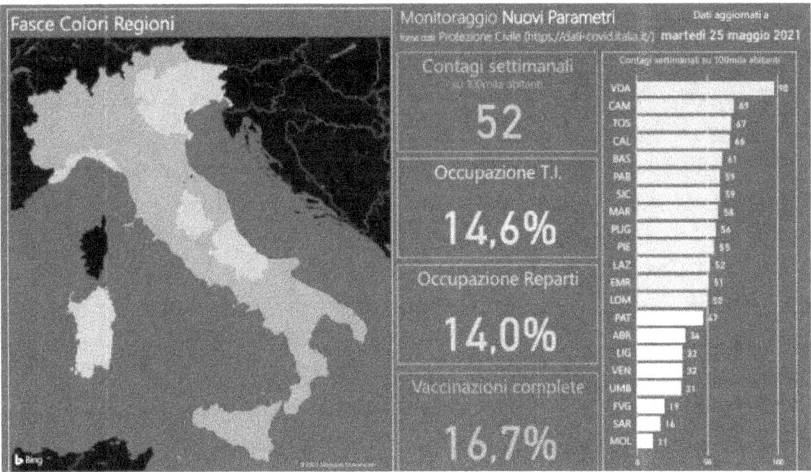

Le quattro righe precedenti risalgono proprio al 2021, ma era facilmente ipotizzabile.

Adesso che abbiamo visto cos'è un vaccino, come mai la campagna è stata fallimentare, è essenziale aggiungere il tassello delle reazioni avverse.
Se non si segnala, un farmaco potenzialmente letale non sarà mai riconosciuto come tale. Partiamo dalle basi?

Cosa è la farmacovigilanza

La definiamo come quell'insieme di attività utili per valutare la sicurezza dei farmaci. Tra gli aspetti da valutare, ci sono quelli relativi agli **ADR**, quelle reazioni avverse ai farmaci somministrati rispettando posologia, diagnosi e terapia.

La tempistica per la segnalazione è 48 ore; per i vaccini la situazione cambia e **la segnalazione deve essere fatta entro 36 ore.**

Quando definiamo il rapporto tra un evento avverso e l'assunzione di un medicinale, si mette al primo posto la sequenza temporale e l'esistenza di **SPIEGAZIONI ALTERNATIVE**. Quando la prima è plausibile, il rapporto è definito possibile o probabile. Non stiamo ancora parlando dell'effetto subito rispetto al meccanismo del farmaco: sono infiniti gli esempi di farmaci che hanno dato problemi diversi rispetto a quelli che avrebbero potuto creare. Così ha poco senso farsi influenzare pregiudizialmente dall'idea che *"questo farmaco non agisce così e dunque non può fare questo"*. La medicina dovrebbe essere pragmatica senza rinchiudersi nei dogmi.

La vaccinovigilanza è una branca della farmacovigilanza, e per la loro peculiarità (farmaco in soggetti sani con sistema immunitario immaturo) è stato sviluppato un sistema specifico di valutazione, che segue lo sviluppo del vaccino attraverso la stesura di 3 documenti: quello del rapporto rischio/beneficio; quello che valuta come risponde l'azienda ad un eventuale problema di sicurezza prima di essere commercializzato, praticamente un piano di rischio; quello che riguarda la sicurezza post autorizzazione.

La vaccinovigilanza ha un ruolo cruciale nel sistema sanitario: supporta i medici nel capire come correggere il tiro ed è fondamentale per la popolazione per capire quale sia la risposta dell'organismo ai vaccini

Come vengono valutati gli effetti avversi dei vaccini?

Non ci si basa soltanto sulle segnalazioni o sulle esperienze di qualche parente lontano: per valutare la causalità della correlazione, è stato disegnato un **algoritmo** dall'OMS. Nel gennaio del 2017 è stata rilasciata l'ultima versione, che **tiene conto della relazione temporale, di altre possibili cause, prove a favore dell'associazione causale, letteratura scientifica, frequenza dell'evento, plausibilità biologica.**

Ancora una volta, raccontiamo una storia grazie all'Osservatorio Epidemiologico Pugliese, che ci permette di avere un quadro generale di come funziona la vaccinovigilanza.
Ci saranno sorprese!

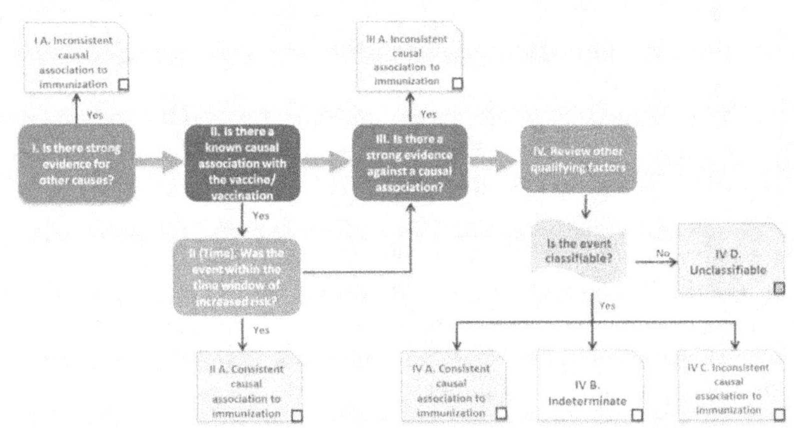

Figura 1.3.1.
Algoritmo per la valutazione del *causality assessment* degli *AEFIs. WHO*, 2018

Vaccinovigilanza attiva e passiva: qual è la grande differenza?

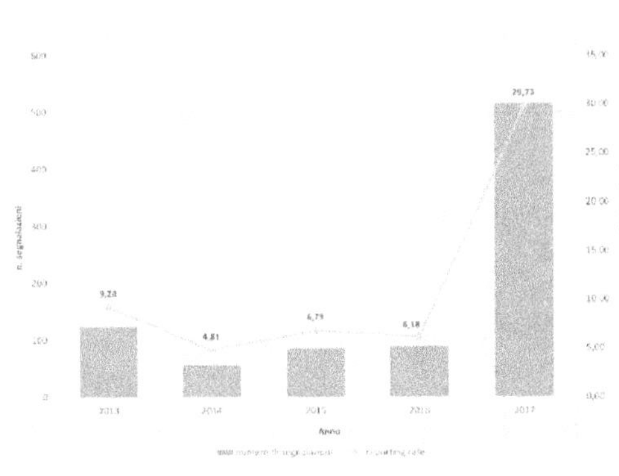

Grafico 3.1.1.
Numero di segnalazioni di eventi avversi dopo vaccinazione e *reporting rate* (x100.000 dosi), per anno. Regione Puglia, anni 2013-2017.

Nella **vaccinovigilanza attiva**, sono i centri vaccinali che si occupano di recuperare i dati e poi analizzarli. Come?
Prima di tutto, i genitori hanno firmato il consenso informato per partecipare a questo studio, durato 18 mesi, ed è stata consegnata loro una scheda prevaccinale dove inserire diversi dati sul bimbo e sulla famiglia. Hanno partecipato allo studio 12 centri vaccinali pugliesi. Successivamente ai genitori è stato dato un diario, il "**Diario post vaccinazione**" attraverso il quale per 20 giorni segnalavano gli effetti avversi, qualcosa di diverso che notassero nel bebè insomma. Dopo questo lasso di tempo, attraverso un contatto

telefonico, sono stati raccolti questi dati, poi analizzati dall'Osservatorio Epidemiologico Regionale:

In effetti, è molto più facile far parlare l'immagine. Vedete che differenza? Questo vuol dire **sorveglianza attiva.** Maggiore attenzione dei genitori, maggiore presenza dei sanitari, e chiaramente i numeri si alzano, e anche di molto.

Non ne facciamo mica una colpa, è normale che questo dato sia aumentato, e la riflessione a cui possiamo arrivare, almeno una fra le tante, è: quanto sono stati sottostimati gli eventi avversi alle vaccinazioni?

Se non esistono studi atti a valutarli, ci sarà sempre chi continuerà a ripetere il mantra dell' 1 sul milione. Che poi sia un numero inadatto a descrivere la realtà, anche al netto di un semplice calcolo dei nati in Italia dal 1992, e quanti sono stati risarciti per danno da vaccino dalla legge 210, e questo 1 viene smentito immediatamente. Ma anche se fosse una persona sola, non penso possa andare bene.

Se non esistono studi a riguardo, non ci potrà mai essere un' informazione trasparente.

Facciamo un piccolo passo indietro e guardiamo le segnalazioni dal 2013 al 2017: questa specifica immagine ci fa vedere quali effetti avversi sono, in base a quell'algoritmo precedente, correlabili alla vaccinazione.

3.3. Decessi
Nel periodo 2013-2017 sono state inserite in RNF 4 segnalazioni di *AEFIs* con esito "decesso":
- 2 *AEFIs* nelle quali è indicato il vaccino anti-influenzale FLUAD
- 1 *AEFI* in cui sono indicati il vaccino anti-influenzale INTANZA e il vaccino anti-pneumococcico PREVENAR 13
- 1 *AEFI* in cui è indicato il vaccino anti-meningococcico B BEXSERO.

Sempre nel periodo 2013-2017, sono segnalati **4 decessi: nessuno di questi è stato correlato alla vaccinazione**. Tuttavia è obbligatoria un'altra riflessione.

- Donna di 70 anni, sotto terapia polifarmacologica (**disastro sconosciuto e sempre più presente**) cardiopatica e diabetica. Antiinfluenzale, **nemmeno 24 ore dopo muore**. La signora aveva altri problemi, altre evidenti cause che potevano portare alla morte, per cui non correlato dall'algoritmo.

- Uomo di 77 anni, malattia neurodegenerativa, stato estremo di deperimento (31 kg pesava), anche lui sotto terapia polifarmacologica(ripetiamo: **disastro che non viene preso con serietà**). Antiinfluenzale e antipneumococcico, **90 minuti dopo muore.** Ok, anche qui l'algoritmo esclude la correlazione perché altre cause lo avrebbero potuto portare alla morte.
- Bimbo di 3 mesi, nato a termine, condizioni fisiche nella norma, viene vaccinato con il Bexsero. Inutile ricordarvi quanto questa patologia sia rara e che negli Usa questo farmaco è autorizzato sopra i 10 anni di età, tralasciamo. Facciamo finta di non averlo scritto. Soltanto 5 **giorni dopo torna all'ospedale in condizioni critiche, viene ricoverato e muore**. Autopsia? **"Setticemia da Neisseria Meningitis di Gruppo B"**. Ma a quanto pare il lotto della **Novartis** non presentava anormalità, non c'è plausibilità biologica, anche questo viene giudicato non correlabile.

Allora, con moltissima calma: non c'è problema nel voler trovare a tutti i costi una via d'uscita e nel non voler ammettere che il vaccino sia stato perlomeno *"il colpo di grazia"* (il bambino di 3 mesi stava comunque bene). La cosa che infastidisce, parecchio, è la fretta con cui in questi anni ci si è quasi affannati per trovare il morto da **covid**, quando le persone decedute presentavano *comorbidità* che le avrebbero potute portare comunque alla morte.

Due pesi e due misure? Solo una riflessione che prenderà il vento e fuggirà via.

Torniamo sulla sorveglianza attiva. E voglio fare un gioco con voi: "notate le differenze?"

Gravità	Sorveglianza attiva (n=656)			Sorveglianza passiva (n=112)		
	n	%	Reporting rate (x1.000 dosi)	n	%	Reporting rate (x1.000 dosi)
Grave	68	10,4	40,69	32	28,6	0,12
Non grave	588	89,6	351,67	62	55,3	0,23
Non definita	0	0,0	0,00	18	16,1	0,07

Con sorveglianza attiva, sono stati riportati 40 effetti avversi gravi su 1000 dosi. Con sorveglianza passiva, sono stati riportati 0,12 effetti avversi gravi su 1000 dosi.
Dato che a certa stampa mainstream piace fare terrorismo psicologico, perchè non restituire il favore?

"Col morbillo hai 1 possibilità su 1000 di prenderti la terribile complicazione che ti ucciderà"

*"Vaccinandoti con **l'MPRV**, hai 1 possibilità su 25 di prenderti un effetto collaterale grave, rovinarti la vita e chissà, forse morire"*

Specifichiamo, sono **entrambe tecniche comunicative errat**e, perché sia per uno che l'altro caso prima devi beccarti il morbillo o l'effetto avverso. Ma propaganda contro propaganda, qual è quella più spaventosa?

Torniamo al discorso della sorveglianza attiva: delle 656 totali reazioni avverse (gravi e non) il 99.4% legato a doppia somministrazione: **MPRV + HAV**

Variabile	Sorveglianza attiva	Sorveglianza passiva
Tempo intercorso tra la somministrazione del vaccino e l'insorgenza della sospetta reazione avversa	5,6±4,9 (0,0 – 45,0)	43,3±227,4 (0,0 – 1.981,0)
Tempo intercorso tra l'insorgenza della sospetta reazione avversa e la segnalazione	44,3±31,0 (3,0 – 206,0)	159,7±416,0 (2,0 – 2.574,0)

Notate anche voi la differenza? *Tempi più rapidi, che possono aiutare nello stilare il rapporto di causalità, e soprattutto potrebbero anche aiutare i vaccinati.*

Ancora, di quelle 68 reazioni avverse gravi, per 67 è stato possibile effettuare il rapporto di causalità.

Con la sorveglianza passiva, 22 su 32.

Questo grafico ci fa vedere quali siano le reazioni avverse correlate: soprattutto è stata legata la febbre, ma sintomi neurologici, eritemi e sintomi gastrointestinali (che potrebbero essere legati ad un problema autoimmune, sappiamo che possono indurre problemi del genere ma non c'è il desiderio di fare studi a lungo termine evidentemente) e poi quell'altro, che non viene specificato.

Ancora una volta: **notate anche voi le differenze con la sorveglianza passiva?**

Segno/sintomo	Vaccini virali		Vaccini batterici		Vaccini misti		Totale	
	n	Tasso x100.000 dosi	n	Tasso x100.000 dosi	n	Tasso x100.000 dosi	n	Tasso x100.000 dosi
Febbre/iperpiressia	59	1,25	10	0,70	5	0,62	74	1,06
Sintomi neurologici	48	1,01	10	0,70	6	0,74	64	0,92
Esantema/eritema	28	0,59	2	0,14	1	0,12	31	0,45
Sintomi gastrointestinali	7	0,15	2	0,14	3	0,37	12	0,17
Orticaria/edema	1	0,02	1	0,07	0	0,00	2	0,03
Pianto inconsolabile	4	0,08	1	0,07	0	0,00	5	0,07
Convulsioni	0	0,00	1	0,07	1	0,12	2	0,03
Altro	40	0,084	8	0,56	7	0,25	50	0,72

La Regione Puglia ha fatto un gran lavoro, e ha rivelato i limiti e le falle nel *sistema della vaccinovigilanza*.

Quello che anni fa ha fatto la Puglia con il morbillo, potrebbe essere fatto con il **Covid**. E sono abbastanza sicuro, visti i puntini che stiamo unendo, che la risposta non sarebbe piacevole per il potere.

Adesso, aggiungo una riflessione finale di **Marco Cosentino** sulla vaccinovigilanza, per riassumere.

"Per i vaccini, da alcuni anni, abbastanza pochi, esiste un algoritmo dedicato che – al contrario dei medicinali – di fronte a un disturbo conseguente a un vaccino si chiede in primo luogo se ci siano altre cause apparenti. E se non ce ne sono, ancora si chiede se esistano situazioni precedenti di problemi analoghi con il vaccino (ma ci si chiede come sia possibile arrivare a riconoscere la prima esperienza, se per definizione questa non è preceduta da casi simili – una sorta insomma di "comma 22").

Solo a questo punto si considera la sequenza temporale, ipotizzando di regola però che debba essere ristretta, sull'assunto che gli effetti di un vaccino si manifestano in breve tempo, peraltro non senza tornare a considerare possibili fattori contro l'associazione causale. Alla luce di questo schema è abbastanza evidente che al di fuori degli studi clinici risulti quanto meno non facile collegare un vaccino a un effetto avverso. Risulta dunque probabilmente più facile, alla luce di questo quadro, comprendere il ritornello del "nessun nesso" ad ogni titolo di giornale su accidenti cardio e cerebrovascolari spesso fatali a ore, giorni o settimane da un vaccino. Molti che aderiscono immediatamente a questa lettura dei fatti sono probabilmente in buona fede. Altri preferiscono forse non cercarsi problemi. Ma, nel complesso, il risultato origina dalle regole specifiche per i vaccini."

I problemi della proteina SPIKE

Usciamo dalla visione apodittica per la quale "i benefici superano i rischi"

Continuiamo il nostro viaggio ad unire puntini per avere un quadro completo della situazione. Adesso condivido una fondamentale riflessione o meglio, diverse riflessioni che ho unito per regalare una visione d'insieme che sia tecnica - a riguardo della **Spike** e non solo - scritta da **Marco Cosentino**, per sottolineare come ci siano delle fondate incognite.

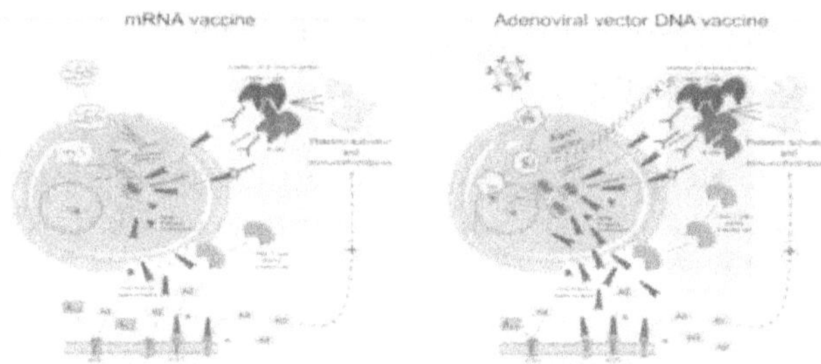

Figure 1 Schematic mechanism of action of mRNA and adenoviral vector DNA vaccines and their potential cardiovascular interactions throughout the activation of the immune system and the interaction between free-floating Spike proteins and ACE2 (see text for details).

Figure 2 Effects on platelets of the interaction between ACE2 and free-floating Spike proteins (see text for details).

Nonostante io cerchi di allontanarmi dalla tecnica, riconosco quanto questa possa aiutare.

Trombi e SPIKE

Una delle più tipiche e pericolose caratteristiche del covid è la **trombosi** disseminata, causa primaria del precipitare delle condizioni cliniche. Questo lo sappiamo dalla primavera scorsa, grazie allo **straordinario lavoro** di alcuni **anatomopatologi italiani dell'Ospedale di Bergamo**, che ci ha consentito di identificare il razionale per l'uso terapeutico di fondamentali farmaci quali l'antinfiammatorio e antiaggregante piastrinico aspirina e l'anticoagulante eparina, tra gli altri.

Ora, alcuni ricercatori della **Northeastern University di Boston** ipotizzano che possa essere proprio la proteina virale S a innescare questi fenomeni, legando l'ormai noto recettore ACE2 sull'endotelio dei vasi e scatenando la cascata di eventi che porta alla formazione dei trombi.

Tutto molto interessante e anche potenzialmente molto utile. Antonio De Sandoli (che ringrazio per avermi segnalato il lavoro della Northeastern) osserva giustamente che un dato del genere potrebbe dare sostanza all'ipotesi che nel covid siano di beneficio alcuni principi attivi di origine vegetale quali la quercetina (che blocca ACE2) e l'esperidina (che blocca invece la proteina S).

La differenza con i vaccini tradizionali

Fino a prima di questa crisi senza precedenti, tutti avremmo concordato sulla definizione di **vaccino** come **metodo di immunizzazione attraverso l'inserimento nel corpo umano di un agente patogeno attenuato o di una sua subunità** (da *Wikipedia*). L'inserimento può avvenire in vari modi (sotto la cute, in un muscolo, per bocca), ma il materiale inserito è in quantitò minima e la sua diffusione nel resto dell'organismo è nulla o comunque irrilevante. Il meccanismo d'azione dei vaccini è sostanzialmente il medesimo, con sottili variazioni di poco conto: il materiale introdotto è riconosciuto come estraneo dal sistema immunitario che "impara" in tal modo ad eliminarlo in maniera efficiente. Questi sono i motivi principali per cui tradizionalmente di vaccini si sono sempre occupati immunologi, infettivologi, microbiologi e virologi, e quasi mai farmacologi, tanto meno medici farmacologi (rectius: farmacologi clinici).

Ora, **sfugge invece ai più**, e tra questi credo anche a immunologi, infettivologi, microbiologi e virologi anche competenti, **che gli attuali prodotti sono invece dei farmaci a tutti gli effetti**, ovvero sono prodotti che contengono **un principio attivo (RNA** per **Pfizer** e **Moderna, DNA** per **AZ** e **J&J** e **Sputnik V**), con degli **eccipienti** (lipidi in un caso, dei vettori virali nell'altro caso), che dopo la somministrazione – esattamente come qualsiasi altri farmaci – hanno una fase di assorbimento che li porta nella circolazione sistemica, tramite questa si distribuiscono nell'organismo, localizzandosi in tessuti e organi specifici e, dopo un certo tempo, vengono eliminati (gli RNA, i DNA forse no).

I *"principi attivi"* vengono a un certo punto liberati in determinati tessuti e organi dove agiscono, facendo in modo che le cellule di quei tessuti e organi inizino a produrre la proteina virale che sarà poi riconosciuta dal sistema immunitario.

Ora, così descritto il **processo** pare del tutto chiaro, non fosse per il dettaglio che **nessuno lo ha mai davvero studiato**. O almeno, non esistono studi accessibili al riguardo, con **l'unica eccezione dello studio riportato in figura** che illustra nel topo il generico destino di un RNA, da cui si capisce che questo dipende da come è somministrato, che finisce in alcuni organi tra cui soprattutto fegato e polmone, che per un certo tempo fa produrre la proteina che codifica in una quantità dipendente dalla dose di RNA ma con notevole variabilità individuale (confrontate i diversi topini nel pannello a sn) e per dei tempi altrettanto variabili anche in relazione alla via di somministrazione.

Ecco, c'è da credere che quegli immunologi, infettivologi, microbiologi e virologi anche competenti siano tutti in buona fede. Perché questi processi li studia e li insegna il farmacologo durante il corso di laurea, ma poi il medico pratico viene abituato a utilizzare i medicinali secondo "bugiardino" a dosi standard secondo le modalità autorizzate, senza più ragionare su quel che accade.

Tuttavia per i farmaci convenzionali tutto questo processo è studiato in dettaglio, le agenzie regolatorie lo richiedono, i parametri rilevanti sono tutti noti, così i farmacologi ci possono "giocare" eventualmente aggiustando le terapie complesse in pazienti particolari quando sia necessario.

Per i prodotti **covid** attuali nulla di tutto questo è noto e **nessuna agenzia regolatoria si è apparentemente posta il problema**. Così dell'ormai famosa **proteina S** che viene prodotta nell'organismo a seguito della somministrazione di questi prodotti non sappiamo:

- in quali cellule tessuti e organi viene espressa;
- in che quantità;
- per quanto tempo;
- con quale variabilità interindividuale;
- per la frazione che rimane espressa sulle cellule, queste ultime che destino hanno, una volta espressa;
- per la frazione eventuale che venisse secreta, se questa sarebbe in grado di legarsi ad ACE2 come la proteina virale naturale e, nel caso, dove e con quali conseguenze.

Per mia "*deformazione professionale*" sarei molto ma molto interessato alla variabilità interindividuale sicuramente presente e che ipotizzo possa spiegare la diversa efficacia interindividuale, così come la diversa tollerabilità e gli specifici effetti avversi. E comunque, in generale, la conoscenza di tutti questi aspetti è la base minima sulla quale si fonda l'approvazione di qualsiasi prodotto medicinale. Infine, **mi auguro di aver chiarito il motivo per cui possiamo anche definire questi prodotti dei "vaccini" ma in tal modo stiamo dando un significato nuovo alla parola "vaccino".** Che al farmacologo va anche bene, dato che in futuro sarà sempre più necessaria la conoscenza farmacologica per valutare e gestire questi prodotti.

La questione dell'attività biologica della proteina Spike ha tuttavia rilievo potenziale anche rispetto agli effetti dei prodotti attualmente utilizzati nelle **campagne vaccinali in UE e in USA,** oltre che in buona parte del resto del mondo, che sono essenzialmente dei **farmaci che inducono nell'organismo la produzione di una quantità indeterminata di questa proteina.**

A differenza dei convenzionali vaccini, che prevedono la somministrazione diretta di una quantità infinitesima del microrganismo o di un suo frammento, e che come tale viene dunque riconosciuto solo dalle cellule specializzate dell'immunità, innescando quindi la reazione che porta alla formazione della memoria immunologica senza – almeno in linea di principio – influenzare altri aspetti della biologia e del funzionamento di organi e tessuti, gli attuali prodotti basati sulla tecnologia **RNA (Moderna, Pfizer)** oppure dei **vettori adenovirali (AstraZeneca, Gamaleya)** hanno effetto in quanto inducono la produzione di proteina virale S da parte delle cellule del nostro organismo. Una produzione che **indubbiamente stimola l'immunità,** come mostrano tutti gli studi che documentano la comparsa di anticorpi anti proteina S. Ma una produzione che, almeno sempre in linea di principio, porta anche all'immissione in circolo di una **quantità indeterminata** (probabilmente **imprevedibilmente variabile** da individuo a individuo) della medesima **proteina S,** i cui effetti una volta liberata nei tessuti possono essere al momento ancora solo oggetto di speculazione.

Questioni ipotetiche: con un po' di volontà si potrebbero risolvere.

Ora, se davvero la proteina S interagendo direttamente con l'endotelio dei vasi innescasse fenomeni coagulativi fino eventualmente alla formazione del trombo, questa sarebbe una **plausibile ipotesi** anche per cercare di spiegare le trombosi che stanno seguendo – fortunatamente in una piccola frazione di casi – la vaccinazione. *L'imprevedibilità della produzione e secrezione della proteina S potrebbe anche spiegare la suscettibilità di persone senza un ri-*

schio tromboembolico noto, come pure il tempo intercorso tra somministra-
zione del prodotto e evento (talora ore, talora giorni).

La questione è ipotetica, ma sarebbe anche in certa misura **facilmente studia-
bile**, ad esempio prima di tutto in vitro, in cellule endoteliali isolate (o anche
in piastrine) studiando cosa accade nel momento in cui queste vengano espo-
ste alla proteina S. Inoltre si potrebbe inoculare la proteina S in animali da
laboratorio e studiarne la funzione endoteliale e piastrinica, e così via. **Studi
alquanto semplici**, il cui limite principale è rappresentato dai costi, alquanto
alti ad esempio per un istituto di ricerca pubblico, ma indubbiamente del tutto **irrisori** per chi – producendo vaccini e altri farmaci – redige bilanci a nove
zeri e oltre; studi che in termini di tempo prenderebbero pochi mesi. Vista
l'importanza del tema, varrebbe forse la pena che qualcuno che può li consi-
derasse. Poi, ovviamente, se la proteina S influenzasse davvero estesamente la
funzione endoteliale, ad esempio anche in senso **pro-antiangiogenico,** si apri-
rebbero **ulteriori scenari** riguardanti i potenziali **effetti a lungo termine**. Ma
allo stato attuale delle conoscenze qui scivoleremmo in un campo di ipotesi a
sua volta basato su ipotesi, e sarebbe troppo.

Il punto sulla fisiopatologia della Spike

In questa revisione dal titolo **"SARS-CoV-2 Vaccines: Lights and Shadows"**, i
colleghi cardiologi e pneumologi del mio Ateneo fanno il punto sulla fisiopa-
tologia della **proteina spike** e sul suo possibile ruolo nell'indurre alterazioni
della funzione endoteliale e dell'aggregabilità piastrinica, potenzialmente
correlabili al rischio tromboembolico in corso di **Covid** così come post-vacci-
no. In altri termini, la produzione di proteina spike indotta dagli attuali vaccini potrebbe in determinati casi indurre una paradossale "replica" del **Covid**
e in particolare dei suoi aspetti cardiovascolari.

Personalmente, questa prospettiva mi pare pienamente condivisibile. Credo
anzi che gli attuali vaccini a **RNA** e a **DNA** dovrebbero essere valutati per quel
che sono, ovvero non vaccini tradizionali bensì farmaci con un principio attivo e degli eccipienti, il cui effetto dipende dalla dose, dalla via di somministrazione e dalla risposta dell'organismo.

A dire che la loro efficacia e sicurezza ragionevolmente dipendono da quanta
proteina spike l'organismo produce, in quali tessuti e per quanto tempo. Tutti aspetti ampiamente variabili da individuo a individuo, in dipendenza da
fattori che nessuno a oggi ha mai studiato e forse nemmeno ancora considerato.

La questione va probabilmente **molto oltre gli accidenti tromboembolici** e riguardo alla sicurezza dei vaccini include ad esempio anche i recenti casi di miocarditi postvaccinali ad esempio in Israele, in accordo con l'ipotesi alquanto solida che il danno cardiaco da covid sia legato alla capacità della **proteina spike di aggredire i recettori ACE2 presenti in grandi quantità nel cuore.**

Riconoscere la patogenicità della **proteina spike** ha importanti implicazioni anche per l'uso di principi attivi in grado di neutralizzarne l'azione, ad esempio **quercetina** e **esperidina**, come pure per lo sviluppo di **biomarcatori di rischio per covid e per effetti avversi da vaccini**, ad esempio mediante analisi di tipo farmacogenetico.

Uscire dal luogo comune "i benefici superano i rischi"

In altri termini, bisogna uscire dalla narrazione secondo cui apoditticamente "i benefici superano i rischi" e avviare studi di base e soprattutto clinici sull'azione di questi prodotti del tutto nuovi, molto più simili a farmaci convenzionali che a vaccini, allo scopo di imparare ad usarli al meglio. Sempre in attesa di vaccini tradizionali, che non pongano tutti questi problemi, e soprattutto del riconoscimento delle farmacoterapie utili a curare la massima parte dei covid se somministrate nei tempi e nei modi che insegna l'esperienza di chi dall'inizio di questa crisi ha curato con successo il covid.

Diagnosi errate e carenza di posti

Il **primario di Cardiologia, Maurizio Viecca del Sacco**, afferma: *"non si muore di polmonite, si muore di trombosi!"*
Eravamo agli inizi, eppure già qualcosa si muoveva. Mi ricordo bene come siano state accolte dal mondo accademico mainstream le parole di **Viecca**, soprattutto da parte del virologo che spesso troviamo in una trasmissione **Rai**.

"Perchè non dare credito alle fantastiche notizie che girano su Whatsapp?"

E alla fine, al netto dell'ironia, era proprio così.

Per carità, non è un problema il non essere d'accordo con una diagnosi diversa; diventa una preoccupazione quando il tuo unico modo di comunicare è fare ironia o *blastare* le idee delle altre persone. Ma lui è fatto così. Ecco che arrivano le parole di Maurizio **Viecca**, primario di cardiologia dell'ospedale

Sacco, il quale ci racconta qual è stata la sua esperienza e come è arrivato a questa conclusione.

*"Più di un mese fa ho osservato che **i pazienti arrivavano ad essere intubati in 90 minuti**. Impossibile che una polmonite desse questi risultati. Dopo aver guardato gli esami del sangue, notai che il **d-dimero** era particolarmente alterato. Questo esame indica trombosi in atto. Allora, contattando l'anatomopatologa del Sacco, lei mi disse di aver trovato **embolia dei capillari polmonari**.*

*Ho preso un protocollo utilizzato già venti anni fa, e modificato per l'occasione. Lo stato non paga il farmaco, solitamente **lo paga la casa farmaceutica**, ma io non volendo rapporti con le aziende, ho comprato con la fondazione questi farmaci.*

L'anticoagulante da solo non fa niente, vi è necessità di antiaggregante: un farmaco 100 volte più potente della aspirina. In una situazione di emergenza, è necessario che vengano prese delle vie di emergenza. Se le cose continuano ad essere così, questo protocollo verrà applicato prima in altri paesi rispetto al nostro, dove lo abbiamo utilizzato per primi.

Con questo protocollo, puoi sviluppare polmonite ma non muori. Tutte queste morti sono legate fondamentalmente a 2 ragioni : pochi posti di terapia intensiva e la diagnosi errata".

Qual è il prezzo che siamo pronti a pagare per l'immortalità?

Andiamo a vedere quanto si muore in Italia

Ormai ho perso il conto delle volte che ho letto qualcosa del genere, sempre in salse leggermente diverse ma questo era il succo:

"Non si dovrebbe festeggiare, rispettiamo i morti."
"Vorrei rivedere i miei nonni ma non voglio farli morire"

Siamo diventati improvvisamente attaccati alla vita degli altri, no cioè di chi condivide qualche gene e per questo motivo più meritevole di vivere. Ma ci sta eh siamo umani alla fine.

Ma ve la ricordate l'estate? La manifestazione di Firenze? I festeggiamenti della vittoria del Napoli della coppa Italia?
Tutte quelle persone radunate a Berlino o Parigi?

Vi ricordate quanto siano poco affidabili i tamponi e non da usare come strumento diagnostico?

Non si alzano dei dubbi quando le malattie infettive diminuiscono tutte drasticamente mentre il **Covid** aumenta imperterrito nonostante le disposizioni
di **lockdown**?

*Avete mai riflettuto, pre Covid, sulla possibilità di morire? Sulla possibilità
che le persone intorno a noi muoiono? E che morivano a migliaia, ogni giorno, prima di questa situazione?*

Ma tutte queste morti, perché?

993 morti dichiarati, record ed emergenza, questo il parere di **Lorenzo Ri-
chiardi**, 45 anni, professore ordinario di epidemiologia e statistica medica
all'**Università di Torino.**

*"**Il motivo di tanti morti in Italia resta è un mistero.** Una teoria è perché abbiamo una popolazione anziana, ma non basta. Solo Regno Unito e Spagna
registrano simili perdite, mentre gli Stati Uniti sono più bassi e la Germania
pure. La letalità del Covid non è drammatica rispetto ad altre malattie, ma se
riferita agli anziani diventa devastante".*

Andiamo a ricordare, ad esempio, quello che il presidente dell'ordine dei medici della Liguria, **Alessandro Bonsignore**, ha detto apertamente, molto prima
della ripetizione fatta da Bassetti, anche se sembra che le sue dichiarazioni
siano finite nel dimenticatoio.

*"In Italia si è deciso di inserire nei casi di **Coronavirus** tutti quelli che sono
stati scoperti positivi o durante la vita o anche nel post mortem. Così noi stiamo azzerando la mortalità per qualsiasi patologia naturale che sarebbe oc-
corsa anche in assenza del virus"*

Non a caso, a sostegno ecco che arrivano le parole dell'ex direttore esecutivo
dell'**EMA, Giorgio Rasi.**

*"Bisogna iniziare a vedere se c'è un approccio omogeneo sul territorio italia-
no, perché questo numero è effettivamente più alto della media europea. Una
riflessione va fatta senz'altro"*

Ricordiamo le parole di un virologo, già presidente della società italiana ed europea di virologia, che poco tempo dopo questa intervista è stato nominato presidente dell'**AIFA, Giorgio Palù**.

"La paura è virale, ma il raziocinio e il buonsenso non sono virali, in quanto virtù di pochi, ed è anche poi difficile mantenerli quando sei sottoposto ad una informazione martellante. C'è una confusione mediatica, un'esagerazione, una frenesia, una perdita della ragione. Direi che siamo nell'autunno della ragione. Abbiamo descrizioni di questo virus come quelle del Manzoni per la peste! Ma questa non è la peste. La letalità della SARS era al 10%, quella della MERS al 37%, la letalità di questo oscilla tra lo 0.3 e lo 0.6%.

La cosa ci dovrebbe rassicurare, ma questa **infodemia**, ossia questa informazione diventata pandemica, questa *"paura del contagio"*, questa *"paura della morte"*, queste sono diventate virulente e contagiose.

Si è perso il buonsenso, la ragionevolezza e la capacità critica di valutare *"i dati per quello che sono"*.

Stiamo unendo i puntini.

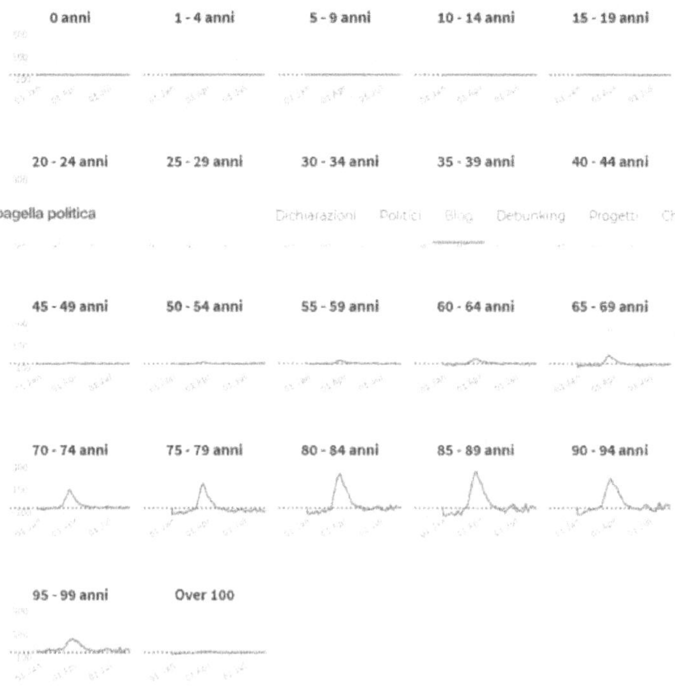

Non sono pareri del bar sport, pareri del "*cugino complottista*", abbiamo una lista di persone impegnate nel mondo accademico ufficiale che ci raccontano una visione decisamente diversa della situazione.

Andiamo anche a vedere qualche statistica.

Teniamo sempre a mente le parole lette prima: stiamo parlando, per rimanere in una dinamica meccanicista della malattia, di un Coronavirus che ha una contagiosità più alta della normale influenza e una letalità molto bassa, lo ha detto il presidente dell'**AIFA** che sicuramente ha partecipato a chissà quante riunioni del mondo accademico e ha certamente contezza di quello che dice. Ma, come direbbe qualcuno, se non sei presidente **AIFA** stai zitto e ascolti, giusto no?
Ho trovato questo grafico che racconta l'eccesso di mortalità in base alla fascia d'età, possiamo vedere quale sia quella più interessata.

Ognuno faccia la sua riflessione.

Città	Decessi anno 2015	Decessi anno 2016	Decessi anno 2017	Decessi anno 2018	Decessi anno 2019	Decessi anno 2020
Aosta	258	233	242	241	221	310
Torino	5.419	5.001	5.447	5.454	5.411	5.528
Genova	4.372	4.008	4.423	4.260	4.203	5.043
Trento	550	522	599	549	549	624
Udine	602	588	666	594	626	605
Venezia	1.836	1.783	1.784	1.721	1.783	1.847
Milano	7.510	7.144	7.689	7.231	7.321	9.332
Bologna	2.606	2.341	2.518	2.388	2.422	2.724
Firenze	2.553	2.268	2.404	2.161	2.357	2.359
Perugia	988	849	931	845	926	903
Roma	15.080	13.922	15.401	14.405	15.195	13.913
L'Aquila	375	381	443	396	420	332
Ancona	690	592	583	531	565	646
Napoli	5.547	4.988	5.429	5.136	5.369	5.091
Campobasso	263	226	235	270	288	264
Matera	271	286	292	276	287	288
Bari	1.748	1.641	1.692	1.679	1.836	1.782
Catanzaro	441	449	442	462	478	457
Palermo	3.492	3.481	3.643	3.488	3.592	3.460
Cagliari	961	846	956	905	970	799

Qua invece abbiamo un grafico elaborato dalle statistiche ISTAT, da Fronte Ampio.

Ben 13 regioni su 20 hanno riscontrato una diminuzione della mortalità: questo vuol dire che in altre regioni c'è stato un aumento. Soprattutto al Nord, anche se in diversi capoluoghi di regione del centro-nord, le oscillazioni sono inferiori al 10% o, addirittura, negative (Perugia, − 8,6% rispetto al 2015; Firenze, − 7,6% rispetto al 2015; Udine, -9,1% rispetto al 2017).

E' davvero spiegabile soltanto in questo modo l'aumento considerevole delle morti in alcune regioni del Nord Italia? Quello che ci dice l'ISTAT fondamentalmente è che le morti per Covid sono strettamente legate alla territorialità. Ma sapete qual è il bello di dire queste cose? Sono dei tasselli che ricordano come la malattia sia una interazione di tanti fattori, che non è soltanto legata al virus o al batterio.
Di morire, si muore: capiremo mai davvero perché ci si ammala?

Città	Decessi anno 2015	Decessi anno 2016	Decessi anno 2017	Decessi anno 2018	Decessi anno 2019	Decessi anno 2020
Bergamo	**787**	696	759	684	714	**1.386**
Brescia	**1.202**	1.024	1.132	1.114	1.160	**1.773**
Cremona	432	435	**464**	447	450	**848**

Perché è vero, e non c'è niente di strano nel dire che **in alcune parti d'Italia si è morti in maniera significativamente più alta rispetto al resto del paese**. Alla luce di tutto quello che abbiamo visto e detto prima, l'unica certezza che mi sento di dire è che qualcosa non quadra. Non quadrano le misure prese a livello nazionale, non quadrano le multe, le mascherine e compagnia cantante.

Nel frattempo, sono state **condannate** chissà quante famiglie e persone per il **lockdown** e i suoi effetti diretti e indiretti, tangibili o meno.

Ringraziamo il Covid.

Si dice che tutte le strade portano a Roma. Il Covid a Roma si sarà perso, avrà trovato qualche ostacolo insormontabile che gli ha impedito di mietere vitti-

me al Sud Italia, proprio nelle regioni in cui le carenze del sistema sanitario sono maggiori, il virus è stato clemente.

Un virus clemente ma altrettanto tenace, capace di diffondersi nonostante distanziamento e lockdown: dove le altre malattie infettive fanno passi indietro, lui avanza inesorabile. Ma non al Sud Italia. Milano affonda e Napoli resta in piedi. I decessi del primo semestre 2020 non superano mai quelli dello stesso periodo di tutti gli anni del quinquennio precedente.

Grazie Covid per aver risparmiato la mattanza nel meridione.
Grazie Covid per aver fatto scomparire nel mondo l'influenza!

Il nome di questa infezione deriva dalla vecchia concezione astrologica e della dottrina miasmatico-umorale di questa malattia, che affermava che la malattia fosse causata dall'influenza degli astri. La parola "influenza" venne introdotta all'inizio del Quattrocento in Italia per descrivere un'epidemia causata dall'influenza degli astri; lo stesso termine venne accolto nella lingua inglese nel Settecento, mentre i francesi chiamarono la malattia con il nome di "grippe".

Alla famiglia **Orthomyxoviridae** appartengono tre tipi di virus influenzali:

Influenzavirus A, Influenzavirus B e Influenzavirus C.

Influenza A e C infettano diverse specie, mentre l'Influenza B quasi esclusivamente infetta l'uomo

Dopo questa doverosa intro, è giusto ricordare che ogni anno a causa dell'influenza muoiono più di un milione di persone.

Terribile, vero?

Soltanto in Italia, dall'inizio della sorveglianza (fissata al 14 ottobre 2019), fino alla settima settimana del 2020, sono stati stimati circa

5.632.000 casi di sindrome simil-influenzale in tutto il Paese. Migliaia e migliaia le vittime.

L'emisfero meridionale ha sconfitto l'influenza grazie alla prima ondata.

In **Australia**, solo 14 casi registrati ad Aprile, rispetto ai 367 del 2019 : calo del 96%. A Giugno, il mese clou influenzale, l'Australia non ha registrato un singolo caso! Nemmeno uno!

Nel **Cile**, tra Aprile e Ottobre, 12 casi rispetto ai circa 7000 del 2019: calo del 99%.

In **Sudafrica**, due casi di influenza: calo del 99%

La parte povera, la parte dimenticata del mondo – scusa Australia, so che esisti – ha sconfitto questo virus che perseguita l'umanità dagli albori della formazione della civiltà.
Questo sminuisce la sofferenza di chi ha perso un proprio caro durante questa situazione? No, assolutamente.

Rende la morte di un over65 trascurabile perché era vecchio? No, assolutamente.

Morire fa parte della nostra esperienza e anzi, è l'esperienza più forte a cui andremo incontro. Forse è per questo che si fa una volta sola, o perlomeno non ne ricordiamo altre.

Pensiamo a questo: nel 2017, soltanto nel comune di Roma, ogni giorno morivano 42 persone. Più di una persona ogni ora.

Triste vero? Pensate a quelle 42 persone, ai loro cari, ad amici e amiche, chissà quante in realtà erano le persone coinvolte.

Vogliamo ampliare lo sguardo? In Italia, sempre nello stesso anno, soltanto di tumori e malattie cardiovascolari, 1.132 persone sono morte ogni giorno. Parliamo di 47 persone ogni ora, quasi 1 morto al minuto. Tumori e malattie cardiovascolari, senza prendere le altre in considerazione. Era un anno record per i decessi, il 2017, così diceva l'ISTAT

Vogliamo ampliare lo sguardo? In tutto il mondo, nel 2017, sono morte 56 milioni di persone. Ogni giorno, ci lasciavano 154 mila persone. Stiamo parlando di oltre 6.400 persone morte ogni ora; più di 106 persone al minuto, più di una persona al secondo.

Non voglio che queste parole finali risuonino come un inno del "*quindi chissenefrega tanto moriamo*". Perché non lo sono.

Questo mondo iperveloce non ci regala neanche la possibilità di stare male per un lutto, senza che questo diventi segno di una patologia psichiatrica per il DSM. Bastano 2 settimane, lo sapevate? Non accetto questo, e non accetto che venga strumentalizzata la morte come feticcio per espiare i propri peccati, o per prendersela con quelle persone che, nonostante tutto, vogliono vivere.

Ma ormai, in questo mondo iperveloce, siamo arrivati al parossismo più totale, incapaci di trovare modi di comunicare che rispettino l'altro, le diversità o le minoranze, senza sfociare nell'estremismo più becero, nella polarizzazione più totale. Come si possa definire questa una democrazia un mondo in cui vivere, davvero vi sfido.

Parole al vento, lo so già.
Soprattutto se, pensando a terapie intensive, tamponi e lockdown vari, viene poi fuori questo:

Il 34% dei positivi non è ricoverato per Covid.

I dati emergono da uno studio **Fiaso** (Federazione Italiana Aziende Sanitarie e Ospedaliere) sui ricoveri di 6 grandi aziende ospedaliere e sanitarie: **Asst Spedali civili di Brescia, Irccs Ospedale Policlinico San Martino di Genova, Irccs Aou di Bologna, Policlinico Tor Vergata, Ospedale San Giuseppe Moscati di Avellino e Policlinico di Bari.**

Secondo Fiaso, dunque, *"un paziente su tre sia pur con infezione accertata al virus Sars-Cov-2, viene ospedalizzato per curare tutt' altro: traumi, infarti, emorragie, scompensi, tumori".*

In tutto sono stati analizzati 550 pazienti ricoverati nelle aree Covid dei 6 ospedali: un campione pari al 4% del totale dei ricoverati negli ospedali italiani. La rilevazione è stata effettuata in data 5 gennaio. Dei complessivi 550 pazienti monitorati, 363 (il 66%) sono ospedalizzati con diagnosi di infezione polmonare. Mentre 187 (il 34%) non manifestano segni clinici, radiografici e laboratoristici di interessamento polmonare: ovvero sono stati ricoverati non per il virus, ma con il virus. La diagnosi da infezione da Sars-Cov-2 è dunque occasionale.

Per la stragrande maggioranza, il 36% del totale dei ricoverati positivi ma senza sintomi respiratori, si tratta di donne in gravidanza che necessitano di assistenza ostetrica e ginecologica. Il 33% è composto da pazienti che hanno subito uno scompenso della condizione internistica per diabete o altre ma-

lattie metaboliche, da patologie cardiovascolari, neurologiche, oncologiche o broncopneumopatie croniche. Un' altra quota, pari all'8%, riguarda pazienti con ischemie, ictus, emorragie cerebrali o infarti. Un altro 8% è rappresentato da quei pazienti che devono sottoporsi a un intervento chirurgico urgente e indifferibile pur se positivi al Covid. Infine, il 6% del totale sono pazienti che arrivano al pronto soccorso in seguito a incidenti e richiedono assistenza per traumi e fratture.

Secondo **Fiaso**, è da sottolineare inoltre la differenza di età tra i due gruppi di degenti positivi. **I pazienti ricoverati per il Covid sono molto più anziani e hanno in media un'età di 69 anni mentre i soggetti contagiati privi di sintomi e ricoverati per altre patologie hanno in media 56 anni.** Tra i soggetti che hanno sviluppato la malattia polmonare da virus risulta vaccinato con un ciclo completo di tre dosi o con due dosi da meno di 4 mesi solo il 14%; di contro, tra coloro che sono positivi al Sars-Cov-2 ma sono ricoverati per altre patologie è vaccinato con tre dosi o con due dosi da meno di 4 mesi il 27%. In entrambi i gruppi c'è una preponderanza di soggetti non vaccinati o che non hanno ancora fatto la dose booster.

Quindi, una fotografia fatta su 6 grandi ospedali italiani ci regala questa panoramica: **su 100 persone ricoverate per Covid, 35 sono soltanto positive al tampone.**

Delle 65 persone ricoverate per Covid, con un' età media di 69 anni, 10 sono vaccinate da meno di 120 giorni, 55 sono vaccinate da meno di 120 giorni o non vaccinate.

Ma questo potrebbe essere importante come dato: intanto, viene sostanzialmente ammesso (ma già si sapeva dall'inizio) che la possibile protezione duri da 2 a 4 mesi.

Di quelle 55 persone, quanti sono i completamente mai vaccinati? Sono 20, sono 40, o sono 55?

Se volessimo mantenere il dato tutto italiano che 7 su 10 sono non vaccinati, sui 55 rimanenti soltanto 10 persone potrebbero essere vaccinate, altrimenti cambia il dato! Sarebbe molto interessante scoprirlo.

Altrettanto interessante quanto potenzialmente spaventoso è stato il commento sul comunicato **Fiaso** del presidente, **Giovanni Migliore**:

"Va riprogrammata l'idea dell'assistenza creando non solo reparti Covid e no Covid, ma è necessario realizzare nuove strutture polispecialistiche in cui sia garantita l'assistenza specialistica cardiologica, neurologica, ortopedica in pazienti che possono presentare l'infezione da Sars-Cov-2. Occorre pensare a reparti Covid per il cardiotoracico, per la chirurgia multispecialistica. Per l'ostetricia già in molti ospedali sono state realizzate aree Covid. A Brescia e Bari esistono anche degli ambulatori per la dialisi di pazienti positivi. Bisogna riprogrammare sulla base delle nuove esigenze l'assistenza sanitaria"

La medicina ai piedi del Covid: ragionando in questi termini, non ce ne libereremo mai.

Dopo avervi raccontato l'esperienza di Leicester con il vaiolo, per restare in tema morbillo, anch'esso sconfitto senza appello dal **covid**, vi dico come veniva vissuta questa malattia dai medici prima che la vaccinazione entrasse in commercio.

Contesto: **epidemia di morbillo sul finire degli anni 50 in Gran Bretagna,** qui il commento del **British Medical Journal**, pubblicato il 7 Febbraio 1959.

"Nelle prime tre settimane di quest'anno sono stati registrati circa 41.000 casi di morbillo in Inghilterra e Galles. Questo è ben al di sopra degli ultimi due anni – cioè, circa 9.000 nel 1958 e 28.000 nel 1957 – anche se è sotto i massimi livelli raggiunti negli ultimi nove anni. Per dare un'idea delle caratteristiche principali della malattia così come appare oggi e di come viene trattata meglio, abbiamo invitato alcuni medici di medicina generale per scrivere brevi relazioni sui casi che hanno visto nelle loro pratiche di recente. Questi appaiono a p.380. È interessante notare, in primo luogo, che la distribuzione della malattia resta discontinua attualmente. Non ha ancora raggiunto le aree in cui due di questi medici praticano (in Sud Scozia e in Cornovaglia), e altre aree sono note per essere esenti dalla malattia finora. D'altra parte, nel Kent la malattia è arrivata in tempo per mettere a letto i bambini nel periodo di Natale. Questi medici sono d'accordo sul fatto che il morbillo è al giorno d'oggi di solito una lieve infezione, e raramente hanno occasione di somministrare gammaglobuline come profilassi. Per quanto riguarda il trattamento della malattia e delle sue complicanze, l'enfasi varia naturalmente da una situazione all'altra. Quantità di riposo a letto, quando amministrare un sulfamidico o antibiotico, l'uso di analgesici e sciroppi- tutti questi sono problemi su cui discutere nel trattamento di quella che si dice sia la malattia più comune e abituale nel mondo. Ma qualcosa in più lo aggiunge uno degli scrittori : "E 'la frequente visita dal medico ,e non la terapia, che produce i buoni risultati."

Andiamo a leggere alcuni pezzi della seconda parte di questa analisi sul morbillo. L'esperienza clinica di alcuni medici sul territorio.

Dr G. I. WATSON (Peaslake, Surrey)

Trattamento: *"Non si somministrano farmaci sia per la febbre che per la tosse; se persistono, dispenso soluzione salina come da formulario come un placebo. 125 mg di Glutetimide (un sonnifero abbastanza forte con diversi effetti collaterali) può essere dato nel pomeriggio se il bambino è irrequieto, quando l'eruzione si sviluppa; 250 mg in dosi singole o divise al momento di coricarsi assicurano un sonno della buona notte a dispetto di tosse (e ci credo). Incoraggio un ambiente caldo umido nella stanza con vari metodi: con fuochi elettrici, elettrodomestici, bollitore ad esempio. I genitori, consapevoli della necessità di oscurare la stanza e di proibire la lettura, possono anche esagerare facendolo anche prima che appaia l'eruzione cutanea. Oltre a frutta da mangiare, il cibo solido è da evitare il giorno in cui l'eruzione sta comparendo; bevande di frutta o zuppe vanno bene."*

Complicazioni: *"Veramente pochissime complicazioni sono sorte. Quattro casi di otite media verificati nei primi 25 bambini, ma solo uno aveva dolore. Nessun caso di polmonite si è verificato, ma un bambino aveva segni grossolanamente anormali nel torace per alcuni giorni dopo che gli era passata la febbre, non influenzata dalla penicillina orale. Una ragazza aveva un'infezione al condotto lacrimale e l'altra una blefarite importante. Di tre maschi adulti con la malattia, due sono stati più gravemente colpiti rispetto a qualsiasi altro dei bambini."*

Dr. R. E. Hope Simpson (Cirencester, Glos)

"Noi non proviamo a prevenire il proliferarsi della malattia, ma usiamo gammaglobuline per mitigare la gravità della malattia in caso di esposizione di un adulto o un bambino sensibile che è già fortemente debilitato. Il semplice riposo a letto, per sette giorni nei casi moderati e gravi, e di cinque o sei giorni in casi lievi, sembra ridurre l'incidenza di complicazioni secondarie come otite media batterica e broncopolmonite. Non siamo stati ben impressionati dall'utilizzo come profilassi o terapeutico di antibiotici e sulfamidici nella prima settimana della malattia. Non appena il paziente è fuori dal letto, può andare fuori di casa quasi indipendentemente dalle condizioni meteorologiche.

Otite media e broncopolmonite: Queste condizioni spesso appaiono così presto, a volte anche prima dell'eruzione, e in questi casi si può solo concludere che l'agente responsabile è il virus stesso (e se invece presentandosi prima, determinano poi la comparsa del morbillo, avendo indebolito il soggetto?).

*Nonostante la loro gravità allarmante iniziale, tendono a risolversi sponta-
neamente, e il trattamento, a parte quello che abbiamo detto prima, è apparentemente inutile (come se l'arrivo del morbillo facesse terminare quei sintomi : ma l'omeopatia non dice qualcosa del genere?) Quando, d'altra parte,
otite media o broncopolmonite si presentano dopo la venuta dei sintomi iniziali di morbillo, è probabilmente dovuto a causa di un invasione batterica
secondaria, e troviamo antibiotici o sulfamidici utili."*

Dr. JOHN FRY (Beckenham, Kent)

*"L'epidemia biennale prevista di morbillo è arrivata in questa regione ai pri-
mi di dicembre del 1958, giusto in tempo per mettere molti giovani a letto nel
periodo di Natale. Fino ad oggi ci sono stati circa 150 casi nella pratica, e i numeri sono ora in costante diminuzione. Come epidemie precedenti, i casi pri-
mari sono stati principalmente a 5 e 6 anni, con casi secondari nei loro fratelli più piccoli. Non sono state notate caratteristiche speciali in questa epidemia relativamente mite. Questo perché le complicazioni si sono verificati in
soli quattro bambini. Una bambina di 2 anni soffriva di una polmonite lobu-
lare, e altri tre hanno sviluppato otite media acuta post-morbillo. Nella maggior parte dei bambini tutto l'episodio è stato superato veramente bene e nel
corso in una settimana, dalla fase prodromica alla scomparsa del rash, e molte madri hanno sottolineato "quanto bene l'attacco abbia fatto bene ai loro figli", perché sembrano molto più in salute dopo la malattia. La gestione del
morbillo è essenzialmente una questione personale e individuale del medico
di famiglia, sulla base delle proprie esperienze personali del medico e sul carattere individuale del bambino e lo sfondo della famiglia. In questa pratica,
il morbillo è considerato come un disturbo d' infanzia relativamente mite e
inevitabile che è meglio prendere e superare in qualsiasi momento da 3 a 7
anni di età. Negli ultimi 10 anni ci sono stati veramente poche complicazioni
a qualsiasi età, e tutti i bambini si sono ripresi completamente. Proprio per
questo motivo non è stato fatto nessun particolare tipo di prevenzione, anche
in bambini piccoli nei quali la malattia non era particolarmente grave."*

Dr. R. M. McGregor

*"In Scozia il morbillo ha una rilevanza solo in alcune aree, specialmente
quelle portuali. Dal 1948, la malattia si è presentata con epidemie importanti
nel 1950, 1953 e 1955 (cavolo, è proprio endemica). Al momento, siamo totalmente liberi da questa malattia, e spero che il fatto di averlo scritto non determini la sua ricomparsa. (Il Dr. McGregor era anche simpatico) Comunque
l'episodio del 1955 è stato fra i meno virulenti. Infatti, la maggior parte dei
casi erano talmente leggeri da rendere difficile la diagnosi. Il follow-up dell'
epidemia ha rivelato come nessuno dei pazienti colpiti abbia avuto disabilità*

permanenti. Questo a causa di un trattamento soddisfacente o alle eccellenti capacità di recupero di una comunità forte.

Non è stato fatto nessuno sforzo per prevenire il dilagare della malattia, se non la solita precauzione di isolamento. Non sono state mai usate le gamma globuline per contrastare la malattia, perché nei pochi casi adulti si è presen-tata in maniera severa. Alla luce di questo, è consigliabile ammalarsi da bambino per evitare complicazioni da adulti. Durante quelle epidemie, non abbiamo assistito a nessuna complicazione grave."

Questi sono altri puntini abbastanza importanti.

Se ti sparano in testa e muori subito dopo, sei morto per il colpo di pistola?
Ma che domande sono?
Certo!

Durante un temporale, il signor X viene colpito prepotentemente da un fulmine e muore carbonizzato.

A causa di un naufragio, X e Y non sono riusciti ad emergere e muoiono annegati.

Per delle scelte sbagliate, Y si trova nel deserto senz' acqua da giorni e muore disidratato.

Solitamente, funziona così.

Ad un' azione consegue una reazione. Siamo ormai arrivati a negare anche una correlazione temporale che si conclude nel giro di qualche minuto.

Non so se ve lo ricordate, ma i farmaci di sintesi -e non per errori di somministrazione- rimangono al terzo posto come causa di morte. Questo vuol dire che è riconosciuto, è noto, che possano uccidere.

Sessantenne si vaccina e 6 ore dopo muore. Avviati accertamenti

Pubblicato il 4 aprile 2021

L'uomo, nella categoria dei fragili, aveva ricevuto la dose all'ospedale di Empoli. La famiglia si è rivolta ai carabinieri

Non è la prima notizia del genere che leggiamo, a memoria mi viene un' ex infermiera a Lanciano e dei casi al di fuori dell'Italia, e nonostante questo viene soltanto sempre ripetuto la fragilità di chi lo fa e viene immediatamente esclusa ogni correlazione. Qui sta la malafede. Ammettiamo che non siano state le vaccinazioni, dall'altro lato è comunque impossibile escludere la correlazione dopo pochi secondi. Il doppio standard raggiunge sempre vette più alte, e non ho più la forza o la voglia di commentarle Ecco perché chiedevo: se ti sparano in testa e muori, è stato il proiettile o l'arresto cardiaco? Perché ormai arriviamo a parossismi sempre più magici. Si, è sicuramente una provocazione, ma fino ad un certo punto.

Partiamo dalle premesse più basilari, quelle che a mio modo di vedere non possono mancare quando affronti un argomento del genere.

- Lasciarsi andare a facili polarizzazioni è quanto di più sbagliato ci possa essere;

- In un senso o nell'altro, cercare di rimanere centrati;

Fino a prova contraria, comunque, parliamo di medicinali attualmente autorizzati e non approvati, in via sperimentale attraverso un protocollo speciale, con la fine della sperimentazione prevista tra un paio d'anni.

Volenti o nolenti, chi si sottopone a questo trattamento è a tutti gli effetti una cavia.

Facciamo due passi indietro. Andiamo a ricordare le vittime del preparato **Pfizer**? Assolutamente vero che correlazione non voglia dire causalità, ma questa non può essere una scusa con cui liquidare ogni singola situazione. Soprattutto quando c'è una plausibilità biologica e una correlazione temporale, agire in questo modo è palese malafede. Mentre nel 2021 in Norvegia delle commissioni indipendenti inchiodavano la **Pfizer**, in Italia moriva un medico mantovano. Poco dopo, altro medico 45enne colpito da un malore

Vogliamo parlare del medico statunitense morto di **trombocitopenia** 16 giorni dopo essersi vaccinato? O la dottoressa messicana che sviluppa mielite trasversa post vaccinale?
Se poi aggiungiamo operatori sanitari, la lista diventa sempre più lunga. Penso all'ausiliaria siciliana colpita da shock anafilattico, salvata soltanto perché era già in ospedale. Quello che però stupisce, ripensando a chi è deceduto proprio nei 15 minuti di osservazione, è come sia stata valutata la questione dai presunti esperti: queste le parole di Donatella Pagliacci, direttrice della Società della Salute Valli Etrusche

"Abbiamo richiesto l'autopsia per escludere con certezza che l'evento sia correlato al vaccino ma l'andamento sintomatologico e clinico, oltre al fatto che si trattava di un richiamo, ci fa credere che non vi sia alcuna associazione. Ad una prima valutazione, visti anche i tempi ridotti tra la vaccinazione e il malore accusato e l'assenza riferita di patologie allergiche, non sembra esserci una relazione causale tra la somministrazione e il decesso ".

Viene sostanzialmente detto in maniera esplicita come l'autopsia non serva per determinare la causa della morte, ma per escludere una correlazione con il farmaco preso pochi minuti prima.

Non solo, aggiunge che la vittima non soffriva di patologie allergiche e ricorda quanto poco sia stato il tempo trascorso tra morte e somministrazione: questo diventa improvvisamente motivo di esclusione, nonostante i criteri della farmacovigilanza e anche della vaccinovigilanza riconoscano l'importanza della distanza temporale. Qualcosa di veramente incredibile, che fa sembrare la battaglia persa.

Vale la pena indagare? Bloccare la somministrazione alla luce di queste morti sospette? Non pretendo che questo possa essere compreso da tutti, perché ci sarà sempre chi continuerà a ripetere che non c'è correlazione, mancando sia di buonsenso che di logica.

Con un **algoritmo truccato**, con centinaia di milioni spesi, con una gestione annuale che è diventata molto più che grottesca, come si può soltanto pensare di avere fiducia nelle istituzioni? Fiducia nella scienza? Queste sono parole vuote.

Vogliamo ricordare Camilla? Vogliamo ricordare tutte quelle persone under30 che sono morte dopo la vaccinazione, o morte in situazioni sospette? La nostra società si batte il petto nel ricordo dei 130.000 morti italiani, sfruttando questo numero per portare avanti politiche autoritarie.

Dove sta la scienza quando ignora il rapporto rischio/beneficio negli under50? Una scienza incapace di osservare e criticare se stessa come potrà fare dei passi avanti? Dovevano essere colpiti dei rappresentanti delle forze dell'ordine per attaccare **Astrazeneca**? C'è stata una lotta commerciale a colpi di segnalazioni tra **Pfizer** e **Astrazeneca**? Presunta lotta, visto che hanno lo stesso azionista di maggioranza.

Dato che mi piace ripetermi, questa non è un' infinita lotta tra si al vaccino/ no al vaccino. Quella è una discussione superficiale che lasciamo ben volentieri ad altri. Dobbiamo parlare di modello medico, discutere di quale sia il modo migliore per perseguire la salute. Perlomeno, non crocifiggere chi sceglie di allontanarsi dalla medicina contemporanea tecnoindustriale, dato che di motivi ce ne sono a bizzeffe.

Ma d'altronde, queste sono parole al vento.

Qual è stato l'impatto delle vaccinazioni nel mondo dello sport?

Una **campagna vaccinale** partita che ha coinvolto miliardi di persone in tutto il mondo. Abbiamo visto come il settore sanitario ha davvero subito chissà quante perdite, e nel mondo dello sport questo è stato evidente.

Sicuramente, lo sportivo che più ha fatto rumore è stato **Novak Djokovic**, quasi dopo l'arresto in terra australiana e dopo aver rinunciato a più di un torneo per la scelta di non vaccinarsi.

Rimanendo nel mondo del tennis, polemiche sugli effetti avversi sono arrivate da un top100, **Jeremy Chardy**, che ha dovuto interrompere la stagione una volta vaccinatosi.

"Dal momento in cui mi sono vaccinato (tra le Olimpiadi e gli US Open) sto male. Ho dei problemi, non riesco ad allenarmi. Molto difficile questa situazione perché non so quanto a lungo potrà durare. Per adesso, la mia stagione è finita. Frustrante, perché avevo iniziato la stagione molto bene, stavo giocando anche molto bene e alle Olimpiadi mi sentivo in forma.

Frustrante, perché soprattutto non ho altri 10 anni per giocare. Mi pento di essermi vaccinato, ma non potevo sapere che sarebbe successo questo. Avrò 35 anni a Febbraio, per cui adesso potrei essere negativo, ma questa è la prima volta in cui penso che questa stagione potrebbe essere l'ultima. Non voglio pensarci... è difficile perché mi stavo divertendo e voglio giocare più a lungo."

Nel mondo del basket, per mesi ha fatto discutere la posizione di **LeBron James**, adesso chi è sulla graticola è soprattutto **Kyrie Irving**, uno dei playmaker più forti della storia di questa disciplina. Ha passato quasi tutta la stagione regolare senza poter giocare, rientrando a pieno regime soltanto per la breve apparizione dei **Nets** ai Playoff. Per molto tempo, per le restrizioni vigenti nel suo stato, è rimasto fuori squadra – niente allenamenti e niente partite con i Nets. Non è l'unico, ma la lega statunitense ha già superato il 90% delle somministrazioni. Attraverso una martellante propaganda e restrizioni sempre più forti, sono riusciti a convincere quella fetta di giocatori afroamericani che tendenzialmente negli Stati Uniti hanno spesso, e giustamente, diffidato delle istituzioni mediche.

Nel mondo del calcio, ogni Lega adotta protocolli diversi. In serie A solo alcune società hanno dichiarato di avere il 100% di vaccinati, per l'Inter anche il settore giovanile; per il resto, non c'è l'obbligo di divulgare la lista dei giocatori vaccinati: nella Juventus ad esempio, **Rabiot** è non vaccinato. In Premier League la metà dei giocatori non è vaccinata.
Stupisce però l'elenco fatto dal **Berliner Zeitung**, quotidiano tedesco, su tanti calciatori e non solo che hanno avuto durante questa stagione **problemi cardiaci.**

Il più famoso è il caso del calciatore del Barcellona, **Aguero**, che addirittura medita il ritiro dal gioco. **Decine di segnalazioni di infarti, problemi cardiaci, malori improvvisi** e **morti** in tutti i campi d'Europa: ragazzi del settore giovanile, calciatori, anche dirigenti.

Soltanto qualche mese fa, la storia di un trentenne morto a Viterbo per un malore improvviso durante una partita a calcetto con gli amici: aveva ricevuto la seconda dose tre giorni prima ed era un soggetto senza patologie pregresse, come sottolineato dall'autopsia. **Ci sarà giustizia per la famiglia di Jajov Adenan?**

A livello professionistico, il caso di miocardite per un giocatore del Sassuolo, **Obiang**. Così si è espresso un medico del **Policlinico di Modena.**

Il medico a La Verità: 'Non ha contratto il Coronavirus. Il tampone era negativo ed era vaccinato, ma non credo ci sia una correlazione diretta con questo'

E con questo cosa voglio dire?

Tutti i calciatori, professionisti e non, morti nelle ultime settimane sono sicuramente legati alla vaccinazione? **Non possiamo affermarlo con certezza e allo stesso modo non possiamo escluderlo con certezza.**

Come minimo, andrebbero compiute indagini epidemiologiche per analizzare questi segnali.

Ancora in Italia, il caso della pallavolista della Volley Bergamo, **Francesca Marcon**, che ha sviluppato una **pericardite.**

"Ho avuto e ho tuttora una pericardite post vaccino, chi paga il prezzo di tutto questo? Non esiste una forma di 'risarcimento' per chi subisce danni a livello di salute dopo aver fatto il vaccino? Premetto che non sono no vax, ma di fare questo vaccino non sono mai stata convinta e ne ho avuto la conferma"

Altri sportivi francesi hanno sofferto importanti reazioni avverse.

Il caso più famoso è sicuramente legato al mondo dell'atletica: partiamo dallo sprinter **Christophe Lemaitre**, che ha dovuto rinunciare a difendere il suo titolo ai Campionati Francesi e alla partecipazione alle Olimpiadi di Tokyo.

Questo il comunicato rilasciato a fine Giugno, con le parole dei suoi allenatori, **Pierre Carraz** e **Thierry Tribondeau,** persone che quindi hanno accesso ai dati prima e dopo e hanno visto nella realtà come sia cambiato l'atleta.

"Non è ancora al 100% delle sue capacità fisiche, soprattutto a causa di gravi reazioni al vaccino COVID-19

C'è stato un periodo in cui i suoi test erano eccellenti,poi è stato vaccinato, e non lo abbiamo più riconosciuto. Non ha senso andare ai Giochi solo per essere eliminati nei playoff"

Rimaniamo nel mondo dell'atletica: la triatleta **Suzanna Newell**, che ha raccontato la sua storia durante una manifestazione a Minneapolis, vi lascio un estratto della sua storia:

*"A quel punto, dopo la seconda dose, tutta la mia vita è cambiata. Ora sono gravemente disabile. Sono stata per lungo tempo ciclista e triatleta. Non avevo patologie e avevo uno stile di vita sano. Ero abituata a una vita piena energia e altamente motivata. Amavo mantenere il mio corpo e la mia mente forti e con disciplina. Da quando sto male, ho zero motivazione o energia e sono in uno stato costante di estrema stanchezza. Ora sono un' assidua frequentatrice di studi medici con pochissime risposte e molti test dolorosi. Sono andata da un neurologo, reumatologo, cardiologo, ginecologo, neuro-oculista e fisioterapista. Mi è stata diagnosticata un **SFN** ("small fiber neuropathy", neuropatia delle piccole fibre) e una malattia autoimmune, ma arrivare a queste diagnosi è stata una lotta.*

*Questa non è una pandemia di non vaccinati, questa è una pandemia di trau-
mi. Siamo inutilmente traumatizzati perché i nostri casi vengono trascurati,
diagnosticati erroneamente o nascosti. Non siamo creduti e la nostra fiducia
nei media e nel governo vacilla. Ora ci viene chiesto di fare qualcosa ai nostri
corpi che sappiamo può causare problemi. Non avevo paura del vaccino
quando l'ho ricevuto. Ero entusiasta di fare la mia parte per il mio paese, ma
dov'era il mio paese ora che sono stata danneggiata."*

Ancora due racconti dalla Francia, direttamente dai profili dei protagonisti:

Parliamo di **Florian Dagoury** e **Antoine Méchin**.

Florian, campione mondiale di apnea statica, ha raccontato la sua storia attraverso Instagram, di quanto sia cambiata la sua vita e soprattutto quanto
sia cambiato il suo corpo. Possiamo davvero dire che un atleta del suo calibro
non sia in grado di capire il suo corpo?

*"Voglio soltanto condividere la mia seccante esperienza post vaccinale e ma-
gari avere qualche testimonianza di storia simile da voi Freedivers. State meglio adesso? Dopo la mia seconda dose, ho notato che il mio battito cardiaco
era decisamente più alto del normale, e le mie capacità di trattenere il fiato
decisamente diminuita.*

*Durante la notte, adesso ho tra i 65 e i 70 bpm; prima della vaccinazione, tra i
37 e i 45 bpm. Quando sono sveglio, adesso ho sempre oltre 100 bpm, anche
quando sono rilassato. Prima stavo sui 65 bpm.Una volta ho anche raggiunto
i 177 bpm mentre cenavo con i miei amici!!!!*

*Dieci giorni dopo la seconda dose, sono andato da un cardiologo che mi ha
detto come questo sia un comune effetto collaterale del vaccino Pfizer, niente
da preoccuparsi, un po'riposo e sarebbe passato. Sono passati quaranta giorni, e nessun miglioramento. Sono andato da un altro cardiologo che mi ha
diagnosticato una miocardite e rigurgito mitralico. In pratica, un' infiamma-
zione del cuore causata dal sistema immunitario e alcune perdite di sangue
dalla valvola che non si chiude più perfettamente.*

*Adesso soffro per raggiungere gli 8 minuti (suo record oltre 10min), e sento
anche a volte un urgente bisogno di respirare.In generale, direi un peggioramento del 30% sulle mie prestazioni.*

*Ai Freedivers nel mondo dico solo questo: scegliete un vaccino fatto alla vec-
chia maniera e non questi ad mRna!".*

Antoine, triatleta che ha denunciato in un post su Facebook un' embolia polmonare post vaccinazione.

"La mia stagione sportiva è finita a seguito di un'embolia polmonare dovuta al vaccino anti covid. Prima dose Moderna alla fine di giugno.Due settimane dopo, mentre sono nei Pirenei per allenarmi con l'amico @arnaudguilloux, inizio a sentire una sorta di oppressione, un peso al petto. Partecipo poi a un trial tornando a casa e su questa corsa sento di essere senza fiato e di avere un dolore al braccio sinistro, alla schiena e al cuore.
Il giorno dopo, il 18 luglio, il mio medico mi raccomanda di andare a fare gli esami all'ospedale di Sante. Nessun problema rilevato, mi dicono che è sicuramente connesso allo stress e alla fatica.

Così vado negli USA per fare l'IM Lake Placid. Quando non mi sforzo troppo a livello cardiaco, non soffro molto e quindi la corsa va bene per me, senza provare qualche fastidio importante.

Dopo la mia pausa sportiva di qualche giorno dopo l'Ironman, sto gradualmente riprendendo su intensità basse, sento di non essere molto in forma, ma nessun dolore preciso. Allora faccio la mia seconda dose di vaccino per nuotare in piscina.

Sento di essere frustrato sugli sforzi ad alta intensità, a volte ho un fastidio al petto e alle spalle, ma non sono preoccupato. Faccio la D1 di Duathlon sapendo di essere frustrato, e il giorno dopo la corsa sento di più questa oppressione toracica.

Ne riparlo con il mio medico sull'insistenza di un amico sponsor che non mi aveva trovato in salute, @jardinsdesaintonge, e questo giorno mi reco a Bordeaux per un appuntamento dal cardiologo. Spiego i miei sintomi, e il cardiologo ultra competente di @medical.stadium mi spiega il numero crescente di reazioni post vaccino di questo tipo e mi prescrive urgentemente una scintigrafia.

Oramai sono in terapia e spero di ritrovare le mie capacità polmonari (3/6/9/12 mesi??). Mi attende riposo e allenamenti di bassa intensità per diversi mesi.

Triste realtà, triste misura, triste governo."

Anche qui, la situazione è stata giudicata innocua da alcuni professionisti e torniamo al discorso precedente: sotto segnalazioni, per ignoranza o pressioni varie, e problemi legati all'algoritmo!

In Formula 1, ha fatto scalpore il caso di **Alan Van der Merwe**, il medical driver della F1. Non vaccinato, non ha partecipato al finale di stagione e dovrà rinunciare ad una parte di quella attuale. Perché è paradossale? Alan ha contratto il Covid, due volte. Come logica vorrebbe, anche attraverso i dati a nostra disposizione, avrebbe tutte le ragioni per non vaccinarsi e comunque poter lavorare.
Alcuni paesi in cui si disputano i Gran Premi rimasti permettono l'accesso alla gara esclusivamente in possesso di certificazione vaccinale. La nostra situazione italiana è tremenda, certo che altri paesi non scherzano!

Alan ha fatto alcune riflessioni davvero interessanti - ricordate che lui sarebbe un novacs– sul suo profilo Twitter.

Per questi suoi pensieri è stato accusato di fare disinformazione, di meritarsi il licenziamento e anche di morire. Così è se vi pare. Ad averne di altri, di pensieri così!

"Sono pienamente consapevole che sarò potenzialmente meno utilizzabile o che la mia libertà di movimento sarà limitata dalle mie scelte. Il fatto che non preferirò la convenienza alla mia salute non significa che prendo decisioni per egoismo. Tutti noi vogliamo solo essere sani. In Svizzera (sono per metà svizzero) e in altri paesi occidentali, l'aver contratto l'infezione in precedenza conta tanto quanto un vaccino. Spero dunque che valga lo stesso anche lì. Credo che quei paesi sappiano cosa stanno facendo, e rispetto le norme più restrittive di quelle nazioni che non consentono l'ingresso a coloro che non sono vaccinati. Continuerò a seguire le linee guida di sanità pubblica, ridurre per quanto possibile ogni rischio, e rispetterò le decisioni degli altri in maniera equa. Non è necessario polarizzare o creare odio per ogni discussione che facciamo su mascherine e vaccini. A scanso di equivoci: se vuoi farti vaccinare, fallo. Sono favorevole ai vaccini per coloro che vogliono e possono averli".

Ripeto ancora una volta: come minimo, questi segnali dovrebbero aprire serie indagini epidemiologiche, senza voler colpevolizzare a priori e a ogni costo!

Parliamo di dispositivi medici immessi sul mercato velocemente, che per forza di cose non hanno potuto analizzare a fondo la qualità e la quantità degli effetti avversi, soprattutto in una popolazione particolare come quella degli sportivi. Sarebbe fondamentale, visto che parliamo di persone seguite quasi giornalmente da equipe mediche, dalle quali si potrebbero ricavare dati e provare ad elaborare delle conclusioni a riguardo. La domanda quindi potrebbe essere: questi studi verranno portati avanti, *o saranno parole al vento?*

Malori improvvisi di continuo: sono dei segnali?

Ho perso il conto.
Dopo una panoramica veloce sui sanitari e sugli sportivi, rimbomba di continuo negli ultimi anni il "malore improvviso". Voglio ricordare solo alcuni malori improvvisi legati a giovani che non avranno mai giustizia.

Michele, 25 anni, consigliere comunale in provincia di Treviso, stava correndo con un amico, quando all'improvviso si è accasciato al suolo e non si è più rialzato.

Alessandro, 30 anni, guardia giurata ospedaliera biellese, stava andando a lavoro quando all'improvviso si è accasciato al suolo e non si è più rialzato. Un 25enne milanese di Magenta, tranquillamente a casa, all'improvviso si è accasciato al suolo e non si è più rialzato.

Fratello e sorella palermitani, 23 e 25 anni, morti a distanza di due mesi per un malore improvviso.

Marco, 29 anni di Magenta, dopo aver guardato una partita di calcio in Tv con gli amici, all'improvviso si è accasciato al suolo e non si è più rialzato.

Antonio, 29 anni di Caserta, morto per un malore improvviso in casa.

Carolina, 27enne di Palermo, morta per un malore improvviso in doccia.

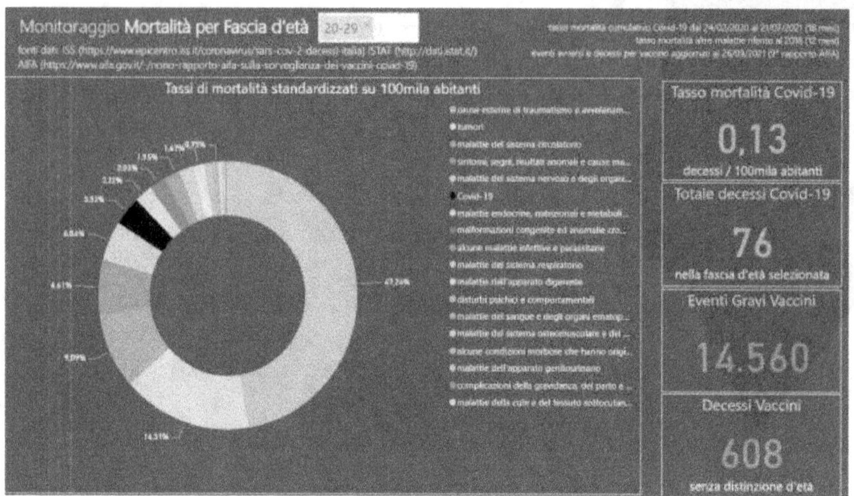

Vogliamo farla finita?

Non per fare terrorismo, non per fare propaganda al contrario. Non è un discorso di pro o contro ai vaccini, tanto banale quanto superficiale e funzionale al mainstream. È necessario raccontare queste esperienze, per evitare che tragedie del genere vengano evitate. I dati sulla fascia 20-29 sono questi, eppure si è scelto politicamente di vaccinare tutti e tutte senza distinzioni: se vogliamo prenderci in giro, possiamo dire che non c'è alcuna correlazione. Se vogliamo smetterla, il minimo è analizzare questi segnali.

Il Green Pass: come barattare libertà per presunta sicurezza

Cosa si potrebbe dire sul *lasciapassare*, ancora oggi che è richiesto nel nostro paese per visitare gli anziani nelle RSA?

Parliamo di una misura coerente con le idee governative: svendere pezzetti di autodeterminazione in nome di presunta perdita di sicurezza.

Sappiamo che l'efficacia dei vaccini decresce a partire dal terzo mese (e questo si sapeva già a Novembre 2020). Secondo questo loro modello medico, sarebbe stato giusto considerare la scadenza del **Green Pass** a 6 mesi. Non riescono ad essere davvero coerenti e basterebbe soltanto questo motivo per screditare l'ipotesi "sanitaria." La durata è stata prima messa a 12 mesi, poi scesa a 9, poi è arrivata a 6.

Questo sottolinea anche quanto **la scienza venga sfruttata come braccio armato da parte del governo**, prendendo semplicemente frasi vuote quali: *"io credo nella scienza"* e spacciandole per verità assolute.

Ti ricordi la storia della "**Costituzione Europea**"? Qualcosa che non era scesa giù ad alcuni abitanti di poche nazioni, e non era passata con l'unanimità. Strade diverse e stessa sostanza, si è arrivati all' approvazione e applicazione di quello che ricordiamo come il **Trattato di Lisbona**.

Echeggiano le parole di **Mattarella** di tre anni fa pronunciate proprio durante la giornata della liberazione: **quando barattiamo libertà per sicurezza, c'è il rischio di deriva autoritaria.**

La stessa persona, durante questi 24 mesi, si è poi lasciata andare a una frase completamente diversa: non sono le regole a limitare la libertà, è il virus.

Penso che si possa scrivere un trattato soltanto basandosi su queste due frasi. Sostanzialmente, un nemico invisibile ha reso fin troppo facile la deriva autoritaria del nostro paese.

L'applicazione di una certificazione per fare parte di questa società. La sicurezza di non stare tra contagiosi, questo è stato detto.

Per me è chiaro come questo significhi quanta distanza c'è tra chi governa e il popolo. Nella vita vera ci si accorgeva quanto fosse una bugia enorme, e nelle conferenze stampa si entrava nella bolla.

È da ripetere che legale non è necessariamente giusto, equo, valido?

Ma com'è possibile che uno strumento del genere sia stato accettato così docilmente? Per provare a capire questo, penso sia importante analizzare altri periodi storici in cui era necessaria una tessera per vivere.

Tessere e memoria.

Cos'è la memoria?

Ci interroghiamo da secoli sul significato di anima, di coscienza, di cose che non sono materiali.

La memoria porta con sé delle caratteristiche simili: per quanto si tratti di eventi reali, tutto poi perde in matericità e rimane impresso soltanto nelle menti di chi ricorda. Una fotografia del passato.

E così, per migliaia di anni, sono stati trasmessi gli avvenimenti alle generazioni future.

Basta una voce e delle orecchie, e siamo pronti a memorizzare.

Una delle bellezze del concetto di ricordare, per me, sta nel fatto che non è detto che un determinato fatto venga ricordato allo stesso modo da persone che l' hanno vissuto.

Persone che potevano trovarsi nella stessa identica situazione, ricordano in maniera diversa l'evento.
Ma allora che senso ha la memoria, quando anche questa è soggetta a interpretazioni personali? Così come la bandiera, così come il confine, anche il ricordo viene strumentalizzato.
A cosa sono servite le 17 precedenti edizioni della "**Giornata della Memoria**"? Mi è sempre stato detto di studiare il passato, per evitare che gli stessi errori si ripresentino in futuro.

Quello che non mi è stato raccontato è che la storia non funziona necessariamente a cerchio; io la vedo più come una **spirale**. Questo significa che, tra uno scenario e l'altro, diciamo ad esempio gli anni '40 in Germania per un ebreo, gli anni '60 in Sudafrica per un nero, gli anni '20 in Italia per un non vaccinato, ci sono delle similitudini, ma poi il paragone termina lì, visto che parliamo di **contesti, storie e culture diverse**. Possiamo però certamente ricordare un leitmotiv di tutte e tre le situazioni: **la scienza ha legittimato queste discriminazioni.**

Il concetto di discriminare è abbastanza semplice: *l'importante è che ci sia una separazione basata su "fatti"*. Fatti chiaramente **arbitrari**.

Sir Francis Galton, tra il 1800 e il 1900, ha portato alla ribalta l'Eugenetica, specialità medica rivoluzionaria nei primi anni del 900. Aprono centri in tutto il mondo, ogni facoltà di medicina prestigiosa ha una cattedra di Eugenetica, convegni ben sponsorizzati dalle fondazioni private. Erano come queste le domande che Francis si faceva:

"non si potrebbe migliorare in modo analogo la razza umana? Non si potrebbe eliminare l'indesiderabile e moltiplicare il desiderabile?"

Galton era arrivato a questa conclusione dopo aver ripercorso la storia familiare di quasi mille personalità importanti inglesi e aveva trovato che i membri di questa classe provenivano tutti da un piccolo gruppo di individui, dei quali molti imparentati. Una persona povera che avesse osservato i dati di **Galton** avrebbe potuto concludere che il suo studio rivelava semplicemente quanto fosse più facile avere successo partendo dal posto giusto.

Nel 1883 **Galton** coniò il termine **eugenetica**, di buona nascita, per designare *"la scienza che avrebbe "migliorato la razza umana" dando "alle stirpi o ai ceppi di sangue più adatti una chance migliore di quanto non avrebbero avuto normalmente per prevalere più velocemente sui meno adatti.*
Ciò che la natura fa alla cieca, con lentezza e crudelmente, l'uomo può fare in modo accorto, rapido e gentile"

Così gentile che la società americana fu la prima a creare leggi per la sterilizzazione obbligatoria dei cosiddetti malati mentali, e altre categorie di persone.
Una spiegazione scientifica che stava bene ai ricchi, e che avrebbe consentito piano piano l'eliminazione dei non adatti. **Andrew Carnegie** rimase estasiato dalle idee eugenetiche di **Herbert Spencer**, e nel 1904 finanziò la creazione di un centro per lo studio dell'evoluzione umana a **Cold Spring Harbor**, affidandolo a **Charles Davenport**.

Lui parlava di **costituzione protoplasmatica**, un modo tecnico per insultare e denigrare tante persone; parlava delle ingenti spese per mantenere queste persone, e che al massimo queste persone avrebbero dovuto essere castrate.

Qualche anno dopo, la Harriman, e poi si aggiunse anche **John D. Rockefeller Jr**, finanziarono **Davenport** nella creazione di un "**Ufficio di registrazione eugenetica**" Dal 1911 al 1924 l'ufficio formò 258 operatori sul campo che dovevano recarsi negli ospedali psichiatrici, negli ospizi per poveri, nelle prigioni e nelle piccole comunità per documentare la storia familiare dei 'disadattati'.

Secondo **The Science of Eugenics**, l'Ufficio di registrazione eugenetica stava quantificando *"il fardello che i non adatti pongono sulle spalle del loro prossimo".*

Ed ecco che iniziano a fioccare articoli che indirizzano la percezione della popolazione: immigrati paragonati ad invasioni batteriche, la necessità di sbarazzarsi dei suoi "membri minorati" per dimezzare la povertà.

Al tempo stesso gli studiosi si torcevano le mani con sgomento per gli scarsi sforzi che i ricchi e i ben nati compivano per diffondere i propri geni superiori, parlando addirittura di suicidio razziale.

Nel 1914, quarantaquattro college americani avevano introdotto l'eugenetica nei loro curricula formativi, considerata al pari dell'ingegneria o della matematica, in istituti quali il **MIT**, **Harvard**, la **Columbia**, la **Cornell** e la **Brown**. Nel 1924 erano stati pubblicati oltre 9.000 articoli di eugenetica, e nel 1928 "**Eugenical News**" – il bollettino mensile dell'Ufficio di registrazione eugenetica – contava 1.322 articoli di eugenetica recensiti nei dodici mesi precedenti. Nel 1924 l'**Associazione per la ricerca eugenetica** (Eugenics Research Association) si gloriò del fatto che **119 dei suoi 383 associati erano membri dell'Associazione americana per l'avanzamento della scienza, definito il gruppo scientifico più prestigioso della nazione**. Persino l'**Encyclopaedia Britannica** prediceva fiduciosamente che il progresso futuro avrebbe comportato *"il miglioramento organico della razza attraverso la saggia applicazione delle leggi dell'eredità."*
L'eugenetica cominciò a diffondersi seriamente in America nel 1921, quando il Museo americano di storia naturale ospitò il secondo Congresso internazionale di eugenetica, un incontro finanziato in gran parte dell'**Istituto Carnegie** e dalla **Fondazione Rockefeller**. Per dire, il primo Congresso è stato finanziato dal Signor **Kellogg**, proprio quello dei cereali. Ma non per evidenziare la possibile cattiveria di queste persone, anzi! Era una cosa normale, scientifica, apprezzata.

Il presidente del museo **Henry Fairfield Osborn** – nipote di **J.P. Morgan** - aprì i lavori dichiarando che era giunto il momento che la scienza "illuminasse il governo sulla prevenzione della diffusione e moltiplicazione dei membri inutili della società". Sono stati presentati durante il congresso, da università come la **Johns Hopkins, Princeton, Harvard, Columbia, Cornell, MIT e NYU**, articoli sui costi sociali che la società si addossava per assistere i minorati, sull'ereditarietà della follia e di altri disturbi e sui bassi tassi di natalità dell'élite americana.

Queste sono le parole del **New York Times** a seguito del congresso:

"La vita, in effetti, stava diventando sempre più ingiusta per la gente benestante. La civiltà, per come è organizzata ora, non lascia libera la Natura come in passato di assicurare la sopravvivenza dei più adatti. La filantropia moderna, operando mano nella mano con la moderna scienza medica, sta preservando molti ceppi che in tutte le ere passate sarebbero stati inesorabilmente eliminati [...]. Mentre la vita sta diventando più facile per gli

strati inferiori, si è fatta più difficile per le persone di buona famiglia e ben istruite, che pagano la moderna filantropia con una sempre minore possibilità di crescere figli propri. Si pone la questione molto seria se il ventesimo secolo riuscirà a conservare e tramandare la struttura estremamente complessa e specializzata della civiltà creata dal diciannovesimo secolo."

La **Società americana di eugenetica (AES)** fu istituita nel 1926 e in breve crebbe fino ad assumere proporzioni nazionali, con sezioni in ventotto stati americani. Una delle sue più popolari mostre itineranti era intitolata **Some People Are Born to Be a Burden on the Rest** (*Alcune persone sono nate per essere di peso agli altri*). Un'installazione veramente assurda, un tabellone con luci lampeggianti: ogni quindici secondi lampeggiava una luce per avvisare che un contribuente americano aveva appena sborsato altri 100 dollari per l'assistenza ai minorati. Ogni trenta secondi lampeggiava una seconda luce per segnalare che era nato un altro minorato. A intervalli di cinquanta secondi un'altra luce lampeggiante avvertiva che un altro criminale era stato condotto in prigione, mentre il pubblico veniva informato che *"pochissime persone normali vanno in prigione"*. Infine, dopo sette lunghi minuti, lampeggiava una luce per annunciare che finalmente era nata una *"persona di livello elevato"*

Negli anni trenta i toni del messaggio eugenetico divennero per molti versi ancora più forti. **Franz Kallman**n, ricercatore capo del **New York State Psychiatric Institute,**

arriva a sostenere che l'umanità sarebbe stata molto più felice se si fosse liberata degli schizofrenici, perché questi erano individui biologicamente non soddisfacenti. **Charles Stockard**, presidente del **Rockefeller Institute for Medical Research,** pensava che la specie umana rischiasse l'estinzione a meno che non venisse impedita la propagazione dei lignaggi difettosi e di basso livello. Intanto **Earnest Hooton**, professore di Antropologia a **Harvard** e membro del consiglio della società di eugenetica, nel suo libro del 1937 **Apes, Men, and Morons paragonava i malati mentali a** *"concrezioni biologiche maligne"*. Devo dire che purtroppo tale paragone mi ha fatto pensare ai bambini come "maligni amplificatori biologici" che devo aver ascoltato da qualche parte in televisione..

Torniamo a noi: rinchiudere i malati di mente in manicomio sembrava essere molto più promettente. Di fatto questo era il primo obiettivo degli eugenisti, prioritario anche rispetto alla sterilizzazione. E ci riuscirono!

Nel 1880, prima che lo spirito eugenetico cominciasse a diffondersi, i **manicomi americani ospitavano 31.973 individui**, e **50 anni dopo** il tasso è quadruplicato arrivando a **272.527 pazienti**.

Dal 1907 al 1927 vennero eseguite circa **8.000** sterilizzazioni.

Nel 1927 la **Corte Suprema degli Stati Uniti** – con una maggioranza di 8 a 1 nel caso **Buck v. Bell** – decise che quello che stava succedendo nel paese, era legittimo.

Nella sua opinione scritta, **Oliver Wendell Holmes** supportò la decisione osservando che "l'esperienza ha mostrato che l'eredità gioca una parte importante nella trasmissione della follia, dell'imbecillità". Questo è sempre possibile nell'architettura della società, ed è proprio accaduto anche in Italia negli ultimi due anni. Una scienza asservita al potere, confortata dalla legge.

Due anni dopo che la Corte Suprema degli USA l'aveva giudicata costituzionale, anche la Danimarca approvò una legge sulla sterilizzazione e nel giro di pochi anni fu seguita da Norvegia, Svezia, Finlandia e Islanda. L'influenza americana sulla Germania nazista fu particolarmente pronunciata e ovviamente fu in quel paese che l'eugenetica si dispiegò al suo massimo grado.

Antecedentemente alla **Prima guerra mondiale**, l'eugenetica in Germania non era nemmeno lontanamente popolare quanto negli Stati Uniti. Il parlamento tedesco aveva annullato una legge sulla sterilizzazione del 1914, e il paese non aveva promulgato alcuna legge che vietasse il matrimonio ai malati di mente.

Gli editoriali del "**New York Times**" e prestigiose riviste mediche come il "**New England Journal of Medicine**" si espressero positivamente sulla pratica. Un sondaggio del 1937 della rivista "**Fortune**" rilevò che il **66% degli americani era favorevole alla sterilizzazione**. Alla fine del 1945 erano stati sterilizzati in base a queste leggi 45.127 americani, 21.311 dei quali ricoverati in ospedali psichiatrici statali. I malati di mente dovevano essere internati e la società dei 'normali', gravata da questa spesa, doveva cercare di mantenerla al minimo. Al passaggio del secolo c'erano 126.137 pazienti in 131 manicomi statali. Quarant'anni dopo, ne erano ospitati 419.374 in 181.

La società stava scaricando negli istituti tutti i tipi di 'disadattati': alcolisti, epilettici, vagabondi, anziani sofferenti di demenza senile, tossicodipendenti, sifilitici e malati mentali. Erano luoghi dove rinchiudere gli 'scarti sociali', che secondo gli eugenisti

affliggevano le società moderne; stando ad alcune stime, meno del 50% delle persone internate nei manicomi negli anni Trenta soffriva di schizofrenia, psicosi maniaco-depressiva o altre forme di follia.

E poi arriva Hitler.

Nel 1916, **Madison Grant**, facoltoso avvocato di **New York** e cofondatore della Società americana di eugenetica, scrive **The Passing of the Great Race**. Avete mai sentito parlare di questo avvocato quando parliamo di Hitler? Perché una delle domande importanti, secondo me, è chiedersi: *da dove nascono le sue convinzioni?* Secondo **Stefan Kühl**, storico tedesco, Hitler mandò una lettera di grande ammirazione scrivendo anche *"il suo libro è stata la mia Bibbia."*

Quindi, sembra giusto perlomeno condividere qualche rigo di questo capolavoro, con quattro edizioni e tradotto in francese, norvegese, e tedesco:

"Le leggi della natura esigono l'eliminazione dei non adatti, e la vita umana ha valore solo quando è a beneficio della comunità o della razza. Si arreca gran danno alla comunità se si permette la perpetuazione di tipi senza valore."

Nel **1925 Adolf Hitler proclamò l'eugenetica la scienza che avrebbe ricostruito la nazione.** Lo *"Stato"* scrisse *"deve far ricorso alle scoperte mediche moderne e sterilizzare le persone che sono inadatte alla procreazione".*

Nello stesso anno, la Fondazione Rockefeller diede 2,5 milioni di dollari all'Istituto psichiatrico di Monaco, che divenne rapidamente il principale centro tedesco di ricerca eugenetica. Inoltre finanziò l'Istituto di antropologia, ereditarietà ed eugenetica Kaiser Wilhelm di Berlino. Dopo l'avvento al potere di Hitler nel 1933, la Germania approvò un'articolata legge sulla sterilizzazione. Gli eugenisti tedeschi che approntarono il testo avevano attinto all'esperienza statunitense. Margaret Smyth, sovraintendente dello Stockton State Hospital, dopo un viaggio in Germania nel 1935, era orgogliosa del lavoro fatto dai colleghi tedeschi: *"I leader del movimento per la sterilizzazione tedesco affermano ripetutamente che la loro legge è stata formulata soltanto dopo un'attenta analisi degli esperimenti californiani. Sarebbe stato impossibile, hanno affermato,*

compiere una tale impresa che coinvolge un milione di persone senza attingere abbondantemente a precedenti esperienze compiute da altri."
Insomma, il lavoro compiuto dagli eugenisti tedeschi era davvero apprezzato; il New York Times lodava il paese germanico, per essere la nazione più progressista nel limitare la fecondazione tra gli inadatti.

Ci rendiamo conto del peso di queste affermazioni? Che senso ha parlare di progresso quando poi anche questo può essere considerato come tale?

Altri eugenisti americani erano preoccupati di come la Germania li stesse *"battendo al nostro stesso gioco"* e stesse diventando una nazione più forte degli Stati Uniti, proprio grazie al programma di sterilizzazione.

Gli atteggiamenti eugenetici verso i minorati sollevarono inevitabilmente la possibilità di misure ancora più estreme. Uno Stato doveva forse sopprimere i malati di mente? Questa domanda venne posta per la prima volta negli Stati Uniti nel 1911, quando *Charles Davenport* scriveva che se una società deve scegliere tra consentire ai minorati di procreare oppure sbarazzarsene, la seconda sarebbe stata l'alternativa preferibile.

Nel 1935, *Alexis Carrel*, medico del **Rockefeller Institute for Medical Research** di New York City e vincitore del premio Nobel, portò il concetto alla sua esplicita formulazione. Nel suo libro *"L'uomo, questo sconosciuto"*, scrisse:

"Le spese per le prigioni e per i manicomi, per la protezione del pubblico dai banditi e dai pazzi sono diventate gigantesche. Perché preserviamo esseri inutili e nocivi? Gli anormali impediscono il progresso dei normali. Dobbiamo affrontare con coraggio questo problema. Perché la società non impiega sistemi più economici per disfarsi dei criminali e dei pazzi? La comunità deve essere protetta dagli elementi pericolosi e dannosi. Come può farlo?"

Quale poteva essere una dolce morte per **Alexis**? **L'utilizzo del gas.**

La Germania nazista cominciò a uccidere i malati mentali con i gas nel gennaio del 1940. Lo fece sulla base di una logica eugenetica semplice: quattro mesi prima aveva invaso la Polonia e ucciderli avrebbe liberato letti per i feriti e anche risparmiato allo Stato le spese per il loro mantenimento. Nell'arco di diciotto mesi, i nazisti uccisero con il gas oltre 70.000 pazienti psichiatrici specificando anche quanto pane zucchero e margarina avessero risparmiato con questa scelta.

Parliamo comunque di una pratica che è stata accettata dalla popolazione, proprio come il **Green Pass**. Accettare che ci siano persone inferiori, sulla base di una discriminazione fittizia sfruttando il modello biomedico.

E i medici ci sono cascati dentro, coltivatori di geni teutonici, e sull'argomento consiglio caldamente la lettura di *"medici nazisti"* scritto da *Robert Lifton*. Come su un treno in corsa, ad un certo punto non puoi fermarti. E, alla fine, erano persone normalissime come un Bassetti qualsiasi, non c'erano demoni non c'erano diavoli. E forse questa è la cosa più spaventosa.

Come siamo arrivati al GP?

"Dare visibilità e sostegno politico di alto livello al tema della vaccinazione, che rappresenta una delle misure di sanità pubblica di maggior successo grazie alla quale milioni di vite vengono salvate ogni anno".

E' stato questo l'obiettivo generale del primo vertice mondiale sulla vaccinazione (**Global Vaccination Summit 2019**) che si è svolto il 12 settembre 2019 a Bruxelles.

Ma scusa per il gp dobbiamo partire da un Summit di 4 anni fa?
Sì.

Così il sito di Epicentro inizia a raccontarci di questo bell'evento fatto qualche anno fa a Bruxelles, proprio un mese prima della simulazione pandemica con l'**Event 201** organizzata dalla **Johns Hopkins** con la partecipazione del **World Economic Forum** e della **Gates Foundation**.

Tasselli del puzzle che si sistemano?

Comunque, a Roma abbiamo 400 personalità da tutto il mondo che discutono di vaccinazioni, soprattutto del morbillo e di come sconfiggere l'esitazione vaccinale, per colpa delle fake news.

Durante il summit è stato presentato il documento "**Dieci azioni verso la vaccinazione per tutti**" (Ten actions towards vaccination for all) pensato per definire un vero e proprio decalogo per garantire la vaccinazione per tutti e contrastare, e laddove possibile eliminare, le malattie prevenibili con vaccino.

Le dieci azioni prevedono:

1. Promuovere a livello globale la leadership politica e l'impegno nei confronti della vaccinazione e costruire una collaborazione e una partnership efficace a livello nazionale, regionale e locale con autorità sanitarie, operatori sanitari, società civile, comunità, scienziati e industria per proteggere tutti e ovunque sostenendo tassi elevati di copertura vaccinale.

2. Garantire l'introduzione e l'attuazione di strategie di vaccinazione a livello nazionale in tutti i paesi e il rafforzamento della stabilità finanziaria, in linea con i progressi verso una copertura sanitaria universale, senza lasciare indietro nessuno.

3. Creare sistemi di sorveglianza efficaci delle malattie prevenibili da vaccino, in particolar modo di quelle sottoposte a eliminazione globale ed eradicazione.

4. Affrontare le cause all' origine della riluttanza nei confronti dei vaccini, aumentando la fiducia nella vaccinazione, nonché progettando e attuando interventi basati su elementi concreti.

5. Sfruttare il potere delle tecnologie digitali, al fine di rafforzare il monitoraggio dell'efficacia dei programmi di vaccinazione.

6. Sostenere gli sforzi della ricerca per creare costantemente dati sull'efficacia e la sicurezza dei vaccini e sull'impatto dei programmi di vaccinazione.

7. Proseguire gli sforzi e gli investimenti, compresi nuovi modelli di finanziamento e di incentivi, nel campo della ricerca, dello sviluppo e dell'innovazione per dispositivi di vaccinazione e di consegna nuovi o migliorati.

8. Attenuare i rischi di carenza di vaccini migliorando i sistemi di monitoraggio, proiezione, acquisto, consegna e stoccaggio dei vaccini e la collaborazione con i produttori e con tutti coloro che prendono parte alla catena di distribuzione, per utilizzare al meglio la capacità di produzione o per aumentare quella esistente.

9. Incoraggiare i media e i professionisti del settore sanitario a tutti i livelli a fornire al pubblico informazioni efficaci, trasparenti e obiettive, per contrastare le informazioni false e fuorvianti, coinvolgendo anche le piattaforme social e le aziende tecnologiche.

10. Allineare e integrare la vaccinazione nelle agende globali in materia di sanità e sviluppo, mediante una nuova agenda 2030 in materia di vaccinazione.

Riassunto?

Tanti soldi immessi in questo settore, per garantire un lauto guadagno a chi produce, e anche incoraggiare i media a parlare di quanto sono belle le vaccinazioni. Creiamo costantemente dati sull'efficacia, a prescindere se poi abbiamo dati meno buoni o da non pubblicare, a noi interessano solo dati su quanto sono belli e importanti. Sistemi di sorveglianza efficace, che inciderà sulla vita di tutti, e combattere le cause all'origine della riluttanza.

Quali siano non è dato saperlo, ma è chiaramente qualcosa da eliminare.

Andiamo a vedere velocemente solo due raccomandazioni delle tante contenute in un documento pubblicato sulla **Gazzetta Ufficiale della EU**:

RACCOMANDA AGLI STATI MEMBRI:

1. di elaborare e attuare piani di vaccinazione a livello nazionale e/o regionale, laddove opportuno, volti ad aumentare la copertura vaccinale al fine di raggiungere gli obiettivi e i traguardi del piano d'azione europeo per i vaccini dell'OMS entro il 2020. Tali piani potrebbero comprendere, ad esempio, disposizioni per un finanziamento e una fornitura sostenibili dei vaccini, un approccio alla vaccinazione sull'intero arco della vita, la capacità di rispondere a situazioni di emergenza e attività di comunicazione e di sensibilizzazione;

Come già detto più volte, bambini e adolescenti sono soltanto il primo passo, l'approccio alla vaccinazione deve essere costante per la vita.

Il piano d'azione «One Health» della Commissione (°) sostiene gli Stati membri dell'UE nella lotta alla resistenza antimicrobica (AMR), chiede percorsi semplificati per l'autorizzazione di nuovi agenti antibatterici e invita a promuovere la ricerca e lo sviluppo di nuovi vaccini per i patogeni associati alla resistenza antimicrobica.

"Problema dell' antibiotico-resistenza? Paura che incombe verso i prossimi super microbi? Non vi preoccupate, continuate a ingrassare gli animali di allevamento e farli ingozzare di medicinali, pazienza se poi questo problema potrebbe portare alla morte milioni di persone, vi salveranno i nostri prossimi vaccini."

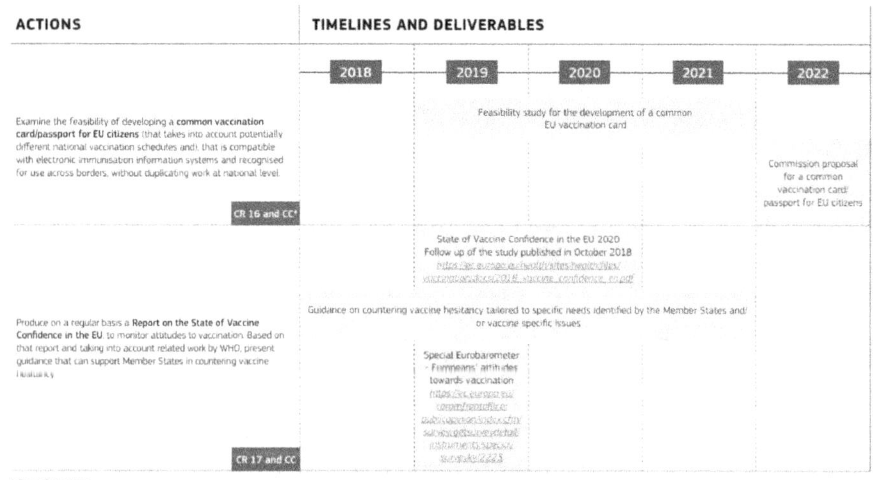

Dal grafico, si parla come azione della possibilità di sviluppare un passaporto vaccinale europeo, che possa essere utilizzato per viaggiare, da sviluppare in questo lasso di tempo: dal 2018 al 2022. Sono stati rispettati i tempi previsti, possiamo fare un applauso?

Queste righe le ho scritte proprio a Ottobre del 2019 e le rimetto qui:

Tra card e passport c'è una differenza sottile ma sostanziale: ti stanno dicendo che nel corso dei prossimi anni verrà pensata l'idea di una carta vaccinale che possa essere riconosciuta ovunque in Europa, *ma cosa impedisce la creazione di nuove norme in base alla persona ed al paese in cui vuole recarsi?*

Basterà un attimo: non sei in regola con le vaccinazioni, non puoi entrare.

Non a caso, **il Parlamento Europeo ha prorogato il Green Pass fino al Giugno 2023**. Adesso voglio aggiungere un altro tassello interessante, che risale al Marzo 2019: questo è il contratto stipulato dalla UE con Seqirus per la fornitura specifica di vaccini per influenze pandemiche.

Cosa è **Seqirus**? Una divisione della australiana **CSL**, una multinazionale che lavora nella biotecnologia, con sede anche in Italia.

Il Memo Seqirus

"Joint procurement of pandemic influenza vaccine. Framework contracts signed in March 2019."

Qual è il costo del contratto?

"Queste informazioni sono riservate perché riguardano diritti di proprietà intellettuale e segreti commerciali".

Non sappiamo il prezzo esatto, ma è destinato a circa la metà della popolazione europea, quindi si parlerebbe di 220 milioni di dosi circa.

Perché questo contratto copre solo l'influenza pandemica e non la vaccinazione contro l'influenza stagionale, dove anche l'Ue è in difficoltà?

"Questa è una decisione degli Stati membri. Gli Stati membri possono decidere di procurarsi congiuntamente qualsiasi contromisura medica, compresi i vaccini contro l'influenza stagionale, se lo ritengono necessario".

Quanto tempo ci vuole per produrre il vaccino?

Per la produzione di un vaccino contro la pandemia, i produttori dipendono dalla disponibilità del ceppo del virus della pandemia.

Questo virus sarà fornito dai laboratori di riferimento dell'**Organizzazione Mondiale della Sanità** (OMS).

Quando i produttori hanno ricevuto questo materiale, il virus deve essere reso adatto al processo di produzione e questo adattamento può richiedere 4-6 settimane a seconda delle caratteristiche del ceppo del virus. Se **l'OMS** dichiara una pandemia, si può presumere che i produttori abbiano già ricevuto il virus.

Il tempo per produrre il vaccino vero e proprio è di circa **12-14 settimane**. Un elemento critico sarà il modo in cui il virus si comporta nel processo di produzione e quale resa può essere ottenuta. La disponibilità del virus e la resa ottenuta nel processo di produzione sono i due fattori chiave che influenzano i tempi di produzione dei vaccini pandemici.

Quanti cittadini dell'UE potrebbero potenzialmente beneficiare dei vaccini ottenuti in base a questo contratto?

Gli Stati membri che hanno firmato il contratto rappresentano circa la metà della popolazione dell'UE. Per quanto riguarda i gruppi specifici della popolazione che riceveranno questa vaccinazione in caso di pandemia influenzale, è una decisione degli Stati membri basata sui loro piani di vaccinazione nazionali.

Con quale società gli Stati membri e la Commissione hanno firmato oggi l'accordo?

Hanno firmato il contratto con **Seqirus**.

Qual è l'oggetto dei contratti firmati con Seqirus?

L'oggetto dei contratti quadro è un accordo per la produzione e la fornitura di vaccini contro la pandemia influenzale da parte del contraente a 30 autorità contraenti di 15 Stati membri dell'Unione europea e alla Commissione europea in caso di pandemia influenzale. Vale per un periodo di 48 mesi dalla sua entrata in vigore, con la possibilità di essere rinnovato due volte per dodici mesi ciascuno. Ogni amministrazione aggiudicatrice partecipante ha firmato un contratto individuale e identico, disciplinato dalla legge che le parti hanno designato.

L'appaltatore si riserva una percentuale della sua capacità produttiva settimanale e assegna tale percentuale esclusivamente per l'esecuzione degli ordini delle amministrazioni aggiudicatrici dell'UE. Affinché il contraente possa mantenere la sua disponibilità a consegnare il numero riservato di dosi di vaccino secondo il piano di consegna concordato, le autorità contraenti pagheranno una tassa annuale di preparazione. La tassa è calcolata moltiplicando la tassa di preparazione per ogni dose di vaccino per il numero di dosi riservate da ogni autorità contraente, nonché il prezzo effettivo delle dosi ordinate in caso di pandemia. Il contratto fornisce in dettaglio le condizioni relative all'ordine e alla consegna, comprese le penali in caso di ritardi, responsabilità, annullamento e risoluzione del contatto.

Perché è stata scelta questa società per firmare i contratti?

La Commissione sostiene la preparazione degli Stati membri in vista di un'eventuale pandemia futura, stipulando contratti di prenotazione/acquisto prima che si verifichino epidemie, in linea con la legislazione già in vigore. Tenendo conto della limitata capacità di produzione di vaccini contro l'influenza pandemica, il comitato direttivo per la procedura di acquisto specifico, composto da rappresentanti degli Stati membri, ha deciso di procurarsi tutti i vaccini contro l'influenza pandemica disponibili con un'autorizzazione all'immissione in commercio in tutta l'UE e ha invitato tutte le società a presentare un'offerta. Solo due società hanno presentato offerte. Le trattative con la seconda società sono ancora in corso.

Qual è la durata del contratto?

La durata del contratto è di 48 mesi con la possibilità di **rinnovo due volte per dodici (12) mesi** ciascuno.

Il tempo medio tra due pandemie influenzali consecutive può arrivare fino a 10-15 anni, tuttavia non è possibile prevedere la durata dei periodi interepidemici tra i focolai di influenza pandemica. L'ultima pandemia influenzale risale al 2009 **(virus H1N1pdm09)**.

Cosa succede se i vaccini non vengono utilizzati entro questo periodo?

Il prodotto è soggetto ai requisiti di imballaggio ed etichettatura della **direttiva 2001/83/CE** del Parlamento europeo e del Consiglio, del 6 novembre 2001, recante un codice comunitario relativo ai medicinali per uso umano, compresa la scadenza della durata di conservazione delle forniture in questione.

Quali sono gli obblighi del contraente?

L'appaltatore deve garantire il mantenimento della capacità produttiva per tutta la durata del contratto.

Quali sono le gravi minacce per la salute a carattere transfrontaliero?

Una grave minaccia transfrontaliera per la salute è una minaccia per la vita o un pericolo per la salute di origine biologica, chimica, ambientale o sconosciuta. Tali minacce si diffondono o comportano un rischio significativo di diffusione oltre i confini nazionali degli Stati membri e possono richiedere un coordinamento a livello dell'UE per garantire un elevato livello di protezione della salute umana. Queste potrebbero includere malattie trasmissibili, biotossine, eventi chimici e ambientali.

Che cos'è l'accordo sugli appalti comuni?

Si tratta di un quadro che stabilisce norme comuni per l'organizzazione pratica delle procedure di approvvigionamento congiunto al fine di anticipare l'acquisto di contromisure mediche, come kit e servizi diagnostici, servizi di laboratorio, farmaci, vaccini, trattamenti antivirali, dispositivi medici e altri beni e servizi, kit di decontaminazione, maschere e dispositivi di protezione.

Come vengono prese le decisioni?

Tutte le decisioni nell'ambito del meccanismo degli appalti comuni sono prese dagli Stati membri attraverso i comitati direttivi, come previsto dall'accordo. **L'accordo sugli appalti comuni** (APP) ha istituito un **comitato direttivo dell'accordo sugli appalti comuni** (Joint Procurement Agreement Steering Committee – JPASC), composto da rappresentanti di tutti gli Stati membri che hanno firmato **l'APP**, che è responsabile della gestione delle questioni, comprese le decisioni sul tipo di contromisura medica da acquistare. Qualsiasi **JPASC** può proporre l'avvio di una procedura di approvvigionamento e può iniziare se almeno cinque parti contraenti, compresa la Commissione, votano a favore. Una volta presa tale decisione, viene **istituito un comitato direttivo per la procedura di appalto specifico** (Specific Procurement Procedure Steering Committee – SPPS) composto da rappresentanti degli Stati membri partecipanti all'appalto di tale contromisura specifica. **I comitati direttivi sono presieduti dalla Commissione.**

Qual è la situazione delle procedure di appalto congiunte?

L'antitossina botulinica è stata la prima procedura di appalto conclusa con successo nel 2016. L'acquisto congiunto di vaccini contro l'influenza pandemica è stato firmato oggi. Per il futuro, gli Stati membri dell'UE hanno espresso interesse per le procedure di approvvigionamento congiunto per i *vaccini anti-tossina antidifterica, tubercolina e BCG* e per i dispositivi di protezione individuale, tutti attualmente in fase di preparazione.

Qual è la base giuridica dell'iniziativa?

L'articolo 5 della decisione 1082/2013/UE sulle gravi minacce per la salute a carattere transfrontaliero fornisce la base giuridica per l'istituzione del meccanismo congiunto; "*Le istituzioni dell'Unione e gli Stati membri che lo desiderano possono avviare una procedura di approvvigionamento* *congiunto [...] in vista dell'acquisto anticipato di contromisure mediche per le gravi minacce per la salute a carattere transfrontaliero".*

Alcune considerazioni.

Peccato che non siano presenti i costi precisi nel memo, sarebbe stato più interessante valutare il guadagno. Detto questo, non è sufficiente per dire che era stato previsto o organizzato tutto, però qualche domanda te la fai.

Sembra che da un punto di vista economico, le multinazionali e anche gli stati fossero pronti da tempo per un' eventuale situazione del genere, e poi nel pratico abbiamo visto quanto invece fossero impreparati. Impreparazione voluta o legata alla mediocrazia?

Avranno imparato qualcosa grazie alla suina di qualche anno fa?
Ricordo di come sia stata definita proprio dal **Consiglio d' Europa** nel 2010 come una finta pandemia, sono arrivate pesanti accuse da **Wolfgang Wodarg**, medico e presidente della commissione salute dell'Assemblea parlamentare, il quale dopo mesi di sollecitazioni ha ottenuto l'attenzione del Consiglio per avere risposte chiare sulla trasformazione a tavolino della **H1N1** in pandemia.

"Falsa pandemia o un rischio per l'umanità?" era il tema dell'audizione che ha preso le mosse dalla mozione con cui **Wodarg** accusa **Oms** e le **aziende farmaceutiche** di aver indebitamente **influenzato** gli organi decisionali dei governi, di essersi procurati profitti ingiustificati e di aver messo sul mercato **vaccini pericolosi**.

Wodarg ha utilizzato i numeri per dimostrare costi e rischi di una malattia che

stata molto temuta o ignorata. Il presidente della commissione sanità parla di 18 miliardi di dollari per combattere la pandemia, come da maggio l'Oms ha deciso di chiamarla. Spesa che è lievitata proprio in funzione del cambio di nome. Secondo il medico, l'aver fatto conquistare a una banale influenza il ruolo di pandemia ha aperto la strada all'enorme speculazione delle ditte farmaceutiche. Meglio dimenticare, la Storia è Maestra solo quando serve.

Ma c'è un problema ancora più profondo e difficile da risolvere.

Sapendo da accademici, medici, ricercatori, antropologi, e quant'altro, quante siano state le contraddizioni di questa situazione, come posso sapere cosa e se è successo qualcosa?

Quando tutti i morti vengono ascritti sotto covid; quando non è possibile avere un pattern preciso su quanto il lockdown abbia inciso sulla situazione, perché praticamente ogni nazione ha avuto risultati diversi; quando sei riuscito a uccidere chissà quante persone per averle intubate per sbaglio; quando esperti da tutto il mondo sono concordi nel dire che la mortalità di questo virus sia paragonabile a quella di un' influenza.

E meno male che per alcuni la scienza non è democratica.

E non ho nemmeno accennato ai media, non meritano riflessioni i professionisti dell'informazione sul ruolo che hanno avuto in questa situazione. Diciamo solo che quando a reti unificate viene portato un unico messaggio, è del tutto consequenziale la risposta della cittadinanza.

Tutto questo? *Parole al vento.*

Il ruolo dei social

Come sapete bene, purtroppo, **Facebook** e altre piattaforme hanno monitorato e stanno monitorando pesantemente (se volete chiamatela pure censura) quello che avviene sui social quando si parla di vaccinazioni. Pagine cancellate, altre nascoste dai risultati di ricerca. Oppure una semplice modifica all'algoritmo (sì, è successo anche a medicina a piccole dosi) Bannato un mese, l'ultima volta a Febbraio, per aver condiviso un post di **AdKronos**, adesso in *shadowban* per tutto Maggio.

Pinterest, Instagram, Youtube: tutte stanno facendo la stessa cosa. Anche qui, raccontiamo una storia di qualche anno fa.

Mercoledì 23 ottobre 2020, il **CEO di Facebook** è stato convocato dal comitato della **Camera dei Servizi Finanziari** per discutere della **criptovaluta** proposta da **Zuckerberg**. Non si poteva sprecare una simile occasione, e sono fioccate domande di ogni tipo : in Italia quella che ha avuto risalto è stata la domanda su **Cambrigde Analytica** fatta da **Ocasio-Cortez**.

Noi prendiamo un'altra domanda in esame, che per puro caso non ha ricevuto articoli a riguardo nel nostro paese: quella del deputato **Posey**, in merito alla censura in atto quando si parla dei rischi delle vaccinazioni.

Giusto per intenderci, questo è un problema che non riguarda esclusivamente le vaccinazioni: utilizziamo Facebook ormai giornalmente, e per molti è uno strumento importante. Già dal 2016 sono nati i primi problemi sull'argomento censura, almeno negli USA.

In breve, **Posey** chiede a **Zuckerberg**

"Consideriamo che negli USA esiste un fondo che risarcisce i danneggiati dalle vaccinazioni, e il conto adesso è superiore ai 4 miliardi di dollari e più di 400.000 persone risarcite. Penso che, a maggior ragione, sia necessario che tutti possano esprimersi sulla sicurezza e sui rischi delle vaccinazioni, anche in maniera diversa da quella convenzionale. In che modi impedite la diffusione di certi contenuti? Voi che dite sempre di essere dalla parte delle persone, di volere che si possano esprimere in libertà, pensate che questa sia la cosa giusta? E crede che i vaccini non abbiano mai fatto per niente male a nessuno, al 100%? Ci pensi due volte prima di voltare le spalle a queste persone, dato che spesso parliamo di famiglie con dei figli disabili."

Questa la risposta di **Zuckerberg**:

"Sentiamo proprio che le persone vogliono che noi fermiamo queste informazioni sbagliate che potrebbero portare a del danno, soprattutto per quanto riguarda la salute! Credo che nessuno pensi che si possa essere sicuri al 100% che i vaccini non abbiano mai fatto del male, però la comunità scientifica ci dice quanto sia importante per ognuno la vaccinazione.

Noi non impediamo a queste persone di parlarne, non impediamo alle persone di parlarne sulla propria bacheca, esistono tanti gruppi ad esempio in cui possono discutere di certi argomenti. Quello che facciamo è modificare l'algoritmo dei risultati di ricerca, così da non venire rimandati a contenuti definiti "novax". Non raccomandiamo determinati gruppi o pagine che potrebbero avere delle discussioni "novax". Però, se inserisci completamente il nome del gruppo o della pagina che ti interessa, lo trovi."

Ah, menomale! Grazie Mark.

Intanto, chi sono queste persone che vogliono fermare certe domande, certi contenuti? Ben attento a dire chi, saranno dei semplici utenti disperati perché non possono tollerare la disinformazione che fanno i **novax**?

Giustamente, i vertici ministeriali invece non sbagliano mai, vedi **Lorenzin** e **Gran Bretagna**. Non sapete cosa ha detto la nostra ex ministra alla sanità? *200 morti di morbillo* a Londra, in prima serata sulla tv nazionale. Nessuno ha mai contestato pubblicamente questa notizia, falsa oltre ogni ragionevole possibilità.

Quale comunità scientifica? Come abbiamo sempre detto, parliamo di qualcosa che non esiste! Un mito.

Sicuro di non impedire alle persone di parlarne sulla propria bacheca? Conosco personalmente decine di persone che, a causa dei loro post, sono stati sospesi dalla piattaforma. Una bella bugia, chissà se era sotto giuramento. Comunque, ha ammesso e ricordato quello che tutti sapevamo: una modifica ad hoc dell'algoritmo, che nasconde argomenti "*novax*".

Va di moda il bilinguismo: nascondere è diventato non incoraggiare.

Ovviamente, la salute e la corruzione e tanto altro sono interesse solo dei *novax*, non sono argomenti che dovrebbero interessare tutta la comunità. Anzi, ne scatena la rabbia e l'indignazione. Anche se poi tanti *novax* sono purtroppo dei *provax* che sulla propria pelle, o quella dei propri cari, hanno sperimentato cosa volesse dire vaccinarsi ed esporsi a dei rischi.

Anche se in Italia questo piccolo dibattito non avrà lo stesso eco, thank you Posey: dopo due anni possiamo dire che le tue sono state parole al vento?

Google: braccio armato della tecnocrazia

Internet è libero? I motori di ricerca ostacolano ricerche scomode? La risposta ad entrambe le domande sembra scontata. Così come **Big Pharma**, anche **Big Tech** fa parte del grande giogo.

Non è la prima volta che **Google** sbarra la strada a determinati contenuti: le linee guida contro la disinformazione a tema **Covid** sono in vigore dal 20 maggio 2020.

Abbiamo avuto una sostanziale modifica in omaggio, che amplia a dismisura i casi in cui il contenuto può essere rimosso.

Sufficiente che il contenuto *"contraddica, metta in dubbio o solo si discosti da quanto raccomandato dalle autorità mediche locali e dall'OMS"*

Qui di seguito, alcuni esempi di contenuti che Google eliminerà:

- Contenuti che raccomandano l'uso di ivermectina o idrossiclorochina per la prevenzione di COVID-19 Affermazioni secondo cui l'uso della mascherina è pericoloso o provoca effetti negativi sulla salute fisica

- Affermazioni secondo cui le mascherine non contribuiscono a prevenire la contrazione o la trasmissione di COVID-19

- Affermazioni sulle vaccinazioni COVID-19 che contraddicono il consenso degli esperti delle autorità sanitarie locali o dell'OMS

- Affermazioni secondo cui un vaccino COVID-19 approvato può causare morte, infertilità, aborto spontaneo, autismo o contrazione di altre malattie infettive

- Affermazioni secondo cui un vaccino COVID-19 approvato contiene sostanze che non sono presenti nell'elenco degli ingredienti del vaccino, come materiale biologico dei feti (ad es. Tessuto fetale, linee cellulari fetali) o prodotti animali

- Affermazioni secondo cui un vaccino COVID-19 approvato altera il corredo genetico di una persona

- Affermazioni secondo cui i vaccini COVID-19 non riducono il rischio di contrarre COVID-19

- Affermazioni secondo cui un vaccino provoca la contrazione di COVID-19

Lo sapete che esistono 281 studi, di cui 209 con peer-review, che dimostrano l'**efficacia dell' idrossiclorochina** nella profilassi del **Covid-19**, e 89 studi, 48 con peer-review, che dimostrano l'**efficacia dell'ivermectina**?

Ivermectina e Omura

A proposito, mi concedo una piccola digressione: avete mai sentito parlare di **Satoshi Omura**?

Satoshi Ōmura è conosciuto per aver sintetizzato davvero tanti farmaci, potete controllare la lista sul suo curriculum. In totale, più di 480 molecole scoperte, che hanno portato alla sintesi di circa 25 farmaci.

Premio Nobel 2015 per la Medicina per i suoi studi di circa 40 anni sull'**avermectina**, grazie alla quale siamo arrivati alla fatidica **ivermectina**. Di preciso, il suo gruppo di ricerca ha **isolato uno strain di Streptomyces Avermitilis che produce proprio l'avermectina**.

Possiamo definirlo il più grande conoscitore al mondo di questo farmaco?

Queste sono state alcune sue parole dopo l'assegnazione del Premio Nobel:

"Ci sono molti ricercatori di talento in Giappone. Quello che faccio io non è che un lavoro tedioso. Non mi aspettavo di diventare un Premio Nobel. Sono sempre stato fiero del fatto che il mio lavoro aiutasse le persone, ho cercato di aiutare le persone. Ma è diverso dall'essere un Premio Nobel."

Così veniva definita la sua scoperta dall'Assemblea del Nobel:

*"L'importanza dell'**ivermectina** per migliorare la salute e il benessere di milioni di persone affette da **cecità fluviale** e **filariosi linfatica**, principalmente nelle parti più povere del mondo, è incommensurabile."*

Insomma, possiamo tranquillamente definirlo un **eroe**. Dato che di questi tempi si abusa anche di 'sta parola.

Per rendere l'idea di quanto sia apprezzato il **Dr. Omura,** l'Università Yamanashi gli ha dedicato un museo (ad una persona ancora viva).

〈Review Article〉

Global trends in clinical studies of ivermectin in COVID-19

Morimasa Yagisawa, Ph.D.[1,2], Patrick J. Foster, M.D.[2],
Hideaki Hanaki, Ph.D.[1] and Satoshi Ōmura, Ph.D.[1]

[1] Kitasato University Ōmura Satoshi Memorial Institute
[2] Keio University Faculty of Pharmacy

(Received for publication March 10, 2021)

Lo trovate lì, come co-autore di questo articolo. In circa 10 anni che scarico articoli scientifici, per la prima volta mi è stato chiesto un **double check** sul download, non me lo faceva scaricare. Ma vabbè, magari è un caso e può capitare. Vi lascio però una frase di questo lavoro:

*"**L'ivermectina** potrebbe arrivare ad essere paragonata alla penicillina, per quanto riguarda i benefici derivanti dalla sua scoperta. Qui, abbiamo un altro nuovo utilizzo per l'**ivermectina**, descritta anche come un "farmaco miracoloso". La storia ci ha dimostrato che l'esistenza di molecole derivate da prodotti naturali è davvero rara."*

Qualche mese dopo, una meta-analisi, pubblicata sull'**American Journal of Therapeutics**, sembra aver confermato tale ipotesi.

Non è un caso se il farmaco più utilizzato dai medici nel mondo, per questa patologia, è proprio l'**ivermectina**.

Qual è il problema? La **Merck** ha declinato di studiare l'**ivermectina**, e così altre grosse aziende farmaceutiche. Di conseguenza, sono più lente e meno sponsorizzate le ricerche che potrebbero dare ulteriori risposte, dissipare dubbi.

Invece, la scelta di sostanzialmente censurare un Nobel e impedire di studiare approfonditamente un farmaco che già viene utilizzato, non fa che aumentare i dubbi.

Come ripeto spesso, il medico educato secondo il modello biomedico, si basa sui segni e sui sintomi.

Tra l'altro, il "**riposizionamento**" di un farmaco è qualcosa di noto, e i trattamenti off-label da parte dell'industria sono letteralmente all'ordine del giorno.

Per cui, non c'è assolutamente nessun problema nell'utilizzare questo farmaco, quando nella realtà funziona.

Ah, senza dimenticare gli studi fraudolenti pubblicati sulla inefficacia dell'**ivermectina** soltanto pochi mesi fa.

Ma anche queste, *sono parole al vento*. Così come lo studio **DanMask** sulle mascherine, sicuramente.

Citare il report dell'**ARPA Piemonte** sarà vietato? Se lo avete dimenticato, praticamente **non è stato rilevato il virus all'aria aperta**. Bello ricordarlo quando per mesi è stato richiesto a tutti, *viva la standardizzazione del modello biomedico*, di indossarla negli spazi aperti.

Per carità, non proviamo nemmeno a pensare di poter uscire da quella logica riduzionista. Ma, d'altronde, il legame tra le industrie farmaceutiche, i governi, i diversi medium, è talmente opprimente, ed evidente, che non possono esserci altre visioni.

La politica di Youtube

Le quattro azioni principali che YouTube ha intrapreso in relazione ai contenuti si possono riassumere con le "quattro R", legate al tema della responsabilità: **remove, raise, reduce e reward.**

Remove, per rimuovere i contenuti in violazione delle policy di YouTube.

Raise perché l'idea è di dare priorità e precedenza alle informazioni provenienti esclusivamente dalle autorità.

Reduce, ridurre la diffusione di contenuti che, pur non oltrepassando le policy, si avvicinano molto alla soglia delle linee guida.

Reward, ovvero ricompensare gli utenti che portano un contributo positivo alla community.

Anche prima del **Covid**, **YouTube** applicava la stessa policy in merito ai contenuti sui vaccini, adesso abbiamo inclusi annunci che scoraggiano gli utenti a vaccinarsi. Ma c'è un'eccezione!

Sono consentiti infatti i video se è chiaro che intendano essere educativi, documentaristici, scientifici o artistici (Edsa).

Capite?

Se lo scopo è dire quanto sia importante la terapia tachipirina e attesa, se lo scopo è quello di glorificare il coprifuoco il distanziamento e le vaccinazioni, allora puoi parlare di terapia domiciliare e altra disinformazione. Dai allora, grazie Google.

Tackling Covid-19 Disinformation

Google, alla fine, non è altro che uno dei tanti strumenti a disposizione del potere, e cito direttamente dalla pagina del Consiglio Europeo:

Il 10 giugno 2020 la Commissione europea e l'alto rappresentante dell'Unione per gli affari esteri e la politica di sicurezza hanno pubblicato una comunicazione congiunta intitolata "Contrastare la disinformazione sulla Covid-19 – Guardare ai fatti" al fine di proporre azioni concrete per aumentare la resilienza dell'UE contro la sfida della disinformazione. Tra di esse figurano: intensificare il sostegno dell'UE ai fact checker e ai ricercatori, rafforzare le capacità di comunicazione strategica dell'UE e potenziare la cooperazione con i partner internazionali, garantendo nel contempo la libertà di espressione e il pluralismo.Durante la pandemia l'UE ha incoraggiato le piattaforme online a contribuire alla lotta contro le notizie false (fake news) e altri tentativi di disinformazione rimuovendo i contenuti illegali o falsi. Con l'avvio delle campagne di vaccinazione in tutta l'UE si sono intensificati gli sforzi per contrastare la disinformazione sui vaccini contro la COVID-19. Le piattaforme online firmatarie del codice di buone pratiche sulla disinformazione riferiscono periodicamente alla Commissione europea in merito alle loro azioni e misure volte a limitare la disinformazione.

Azioni di resilienza - sostegno ai fact checker- contrastare la disinformazione.

Ciliegina? Garantendo nel contempo la libertà di espressione e il pluralismo.

Però se non rispecchiano il pluralismo che intendiamo noi allora no, che schifo.

Storie di TSO, malasanità e follia ai tempi del Covid

Il manuale per gestire i folli *novax.*

Cos'è la malattia mentale? Ripercorrendo la storia della medicina occidentale, non c'è sempre stata unione d'intenti.

Potremmo dire che, negli ultimi secoli, si è tendenzialmente cavalcato il ruolo del "*pazzo*": una persona da **allontanare**, che ha scelto di separarsi dalla norma e in quanto tale elemento destabilizzante da combattere.

I pazzi sono le persone ingestibili, i pazzi sono le persone che non obbediscono. Si, anche quelli che girano nudi o lanciano escrementi: sono pazzi perché non sono conformi. Se ci pensate, la conformità è qualcosa che solitamente riserviamo agli oggetti. Perché anche noi dobbiamo essere conformi, conformati? Nell'ambiente medico, la follia è stato uno dei migliori escamotage mai utilizzati!

Sei folle, vai lontano da me. Sei folle, non hai autorità sul tuo corpo e ci penserò io.

Sei folle, i tuoi sintomi sono inventati: qui il medico sono io.

Lo abbiamo visto tante volte, e non soltanto con gli effetti negativi delle vaccinazioni: persone che hanno aspettato anni prima di ricevere una diagnosi, e che sono state considerate pazze o isteriche da tutti i professionisti che visitassero.

Questo perché è altamente imbarazzante: la tecnica che non riconosce un malessere? Allora, il malessere non esiste. Questo intendo quando ricordo che abbiamo sostituito, o perlomeno stiamo imparando a sostituire, la realtà con dei fogli di carta.

Questa è una prima storia di follia e malasanità che voglio raccontare: in Sardegna una donna incinta perde il bambino per emorragia. Voi direte beh, può succedere.

Certo, ma il problema è che non le è stato permesso di essere visitata perché, nonostante avesse già le due dosi (una volta pochi mesi fa avremmo parlato di ciclo completo non dimentichiamo) era sprovvista di un tampone, e non c'era la possibilità di averne uno sul momento.

Sassari: è incinta ma non la possono visitare, perde il bambino

Il prezzo dei controlli anti covid, la ragazza era alla quinta settimana ed era andata all'ospedale perché aveva una piccola emorragia

SASSARI. Il covid è un terribile asettico dei rapporti umani. Lavora sulle distanze, sta sterilizzando anche il contatto medico paziente. La sanità in queste settimane sta con la guardia alta, ha bisogno di proteggersi. È un fortino fragile, e per i malati le porte non stanno sempre aperte, come in passato.

Appena ho letto la notizia, sono saltato dalla sedia. E vi confido sottovoce che mi ha un po' stranito e disgustato questo frame che riporto direttamente dalla **Nuova Sardegna**.

La **responsabilità** sarebbe del **Covid**. Quanto è bello, quanto è facile scaricare le responsabilità su qualcosa che non siamo noi.

E a giro ce la prendiamo con tutti, mai con noi stessi.

Queste sono le regole, bisogna obbedire.

Se questa follia collettiva porta alla morte indiretta come effetto collaterale di chissà quante persone, bisogna comunque obbedire alle regole?

Ps: il rapporto medico paziente era già morto prima di questa situazione. Uno dei paesi in cui le visite si svolgono più velocemente, e aggiungo che la mancanza di fiducia e la rottura del rapporto è assolutamente fisiologica in un mondo malato in cui la quasi totalità dei medici sostanzialmente..non fa il medico.

Cosa è successo?

A **Sassari**, si presenta al **PS Ostetrico** una donna alla **quinta settimana di gravidanza**. Si presenta e descrive i sintomi all'ostetrica. Lieve emorragia, e dolori addominali. Le chiedono se sia vaccinata e se abbia fatto il tampone da poco. Seconda dose, terza prenotata, ma **nessun test covid recente**.

Cosa fanno in Ginecologia? *"Signora, senza tampone molecolare non può entrare in reparto. Non può farlo nemmeno oggi, bisognerebbe attendere lunedì. Torni pure a casa, monitori la perdita, eventualmente ritorni."*

I due ritornano al parcheggio, giusto il tempo di salire in macchina che l'emorragia diventa copiosa. Aborto spontaneo, la donna purtroppo perde il bambino.

Le parole della signora, che aspettava da cinque anni di poter avere un figlio.

"So benissimo che queste cose durante il primo mese possono capitare. E non voglio dire che una visita avrebbe potuto cambiare il destino. Ma io mi sento profondamente triste e arrabbiata, perché ciò che mi è mancata è stata la comprensione umana. Mi sono sentita messa da parte, perché penso che una visita a una mamma che sta male, che aspetta questo tesoro da cinque anni, sia un diritto sacrosanto. Mi avrebbe aiutato ad accettare tutto con meno amarezza».

Queste le parole del primario di Ginecologia, **Giampiero Capobianco**.

"In queste settimane siamo stati costretti a correre ai ripari. Un cluster interno sarebbe un disastro, dobbiamo proteggere le altre donne ricoverate in attesa di partorire. Per questo i casi più semplici, in assenza di un tampone, cerchiamo di risolverli nel pre-triage. La paziente ha parlato di una lieve perdita e di dolori addominali, è una situazione purtroppo frequente a 3-4 settimane di gravidanza, e gestibile a casa. La nostra raccomandazione è stata quella di tornare immediatamente, qualora l'emorragia non passasse o aumentasse. Noi vorremmo poter visitare tutti come prima, ma dobbiamo preservare il reparto. Nei giorni scorsi, grazie allo screening molecolare preventivo, siamo riusciti a intercettare otto donne positive. E le abbiamo potute gestire nella nostra area Covid. Ci dispiace davvero per quello che poi è accaduto alla paziente. Ma, è triste dirlo, noi non avremmo potuto cambiare le cose. Non almeno in una fase così prematura del feto».

Analisi velocissima di queste battute.
Insomma, la paziente ci ha detto che era niente di grave. E poi vedete quanto siamo bravi? Abbiamo intercettato otto donne positive! Erano malate? Erano contagiose? Non interessa, diamo una bella medaglia al primario per aver intercettato otto donne positive.

Alla Mattarella, la colpa è del virus, la colpa è sempre lontana da noi. Alla fine, persino aggiungere che non avrebbero potuto fare nulla. Il tempo è il

Gold Standard in medicina, prima si interviene maggiori sono le probabilità che un intervento abbia successo.

Dato che è medicina e non è matematica, avrebbe potuto evitare questo commento, dopo aver sostanzialmente (ma anche velatamente) responsabilizzato la signora per non aver detto che stava per morire ed era gravissimo.

La storia di Dario

Prenderemo come spunto la vicenda di questo ragazzo siciliano. La sua colpa? Non essere conforme.

Questo è stato sufficiente.

Ormai, basta semplicemente dire qualcosa di non gradito, per rischiare di essere sedato per chissà quanto tempo. Sì, di base il TSO dura 7 giorni, ma se il medico pensa che tu debba rimanere, tu rimani. E puoi rimanere fino a quando non muori. Quando ho letto la sua storia, subito mi è venuto in mente Francesco Mastrogiovanni, il pericoloso terrorista colpevole di aver fisicamente massacrato 40 bambine in una scuola.

Ah no, scusate.

Parliamo di un essere umano, entrato in ospedale in buone condizioni fisiche e senza avere commesso reati, che non ha avuto la possibilità di vedere o sentire la sua famiglia.

Stava facendo il bagno nudo, cantando canzoni anarchiche, e per questo è stato circondato da polizia e carabinieri, portato in ospedale, per condurlo al suo **terzo TSO**, uno più immotivato dell'altro, e da lì non è mai più uscito.

Per lui, sono bastate 87 ore.

Una dittatura del pensiero.

Possiamo definirla altrimenti? Non è tanto importante nemmeno la veridicità o meno di quello che stai dicendo, l'importante è che sia l'opposto di ciò che il governo ti racconta. E allora diventi pericoloso, perché non vieni pensato in quel momento ma stai pensando. Giusto o sbagliato che sia.

"Non esiste pandemia, cominciamo ad uscire, che i negozi riaprano"

A quanto pare, basta dire una cosa del genere per rischiare di morire per mano dello Stato. Piuttosto che cercare il dialogo, capire cosa ha portato Dario a queste conclusioni, è stato sedato ed è stato portato nel reparto psichiatrico dell'ospedale di Canicattì per sottostare al TSO, dopo l'ordinanza del sindaco.

Per lo stesso principio, chi andasse in strada a dire, per esempio:

"Non esiste l'Italia, i confini sono arbitrari e portano inevitabilmente a conflitto. In più, l'unità d'Italia è stata una manovra politica non condivisa da tutta la penisola."

Dato che sta sostenendo qualcosa di pericoloso per l'ordine pubblico, e qualcosa che va contro ai principi statali, finirebbe sedato e contenuto per una cosa del genere? Logicamente, seguendo questo filo del discorso, potrebbe succedere.

Basta l'interpretazione che ti viene data dalle forze dell'ordine, e la tua vita rischia di terminare.

Chi critica finisce al rogo, a chi distrugge facciamo gli applausi.

Perché poi si arriva a questo punto: se sei uno che critica quello che sta succedendo, allora sei da rinchiudere. Se sei quello che effettivamente sta condannando le persone attraverso le tue azioni, e non le parole, ti becchi se va male un applauso.

Nonostante ci sia una legge che permetta il dialogo tra chi subisce il TSO e i familiari, il fratello Lillo, avvocato, dove aspettare 5 giorni per entrare in contatto con una forma sbiadita di Dario. E le stesse forze dell'ordine, non intervengono. I medici invece glissano in maniera assolutamente vergognosa.

Dario dorme.

Il mantra ripetuto dai dipendenti ospedalieri fino allo sfinimento, oppure *"non abbiamo il cordless, quindi non possiamo passartelo"*. Durante le diverse telefonate, capiamo che Dario è legato e mangia, se mangia, con le flebo. Viene persino detto che lui sta seguendo una terapia, perché è pericoloso per se stesso in quanto molto agitato. Una terapia del genere, ci vuole coraggio e faccia tosta per definirla così. Automi o persone?

Vorrei ben vedere, per due frasi in piazza vieni deportato legato sedato e rinchiuso, chi non sarebbe molto agitato e in tensione?

L'avvocato Musso si interfaccia con due medici, la prima abbastanza stizzita dalle continue chiamate dell'avvocato, il secondo un subdolo sorridente. Non voglio anticiparvi di più, perché è un video che merita di essere ascoltato. Ci sono diverse chicche lungo tutte le chiacchierate, che potete trovare ancora su internet, e la chiosa finale dello stesso Dario è epica. Nonostante fosse palesemente sedato, riesce con estrema lucidità a capire che tipo di medico si trova davanti, e sussurra al fratello:

"Lillo, quest'uomo è un coglione"

Epilogo

Al settimo giorno, Dario viene rilasciato. Sono abbastanza sicuro che si sia concluso tanto in fretta grazie alla copertura mediatica della vicenda, e alle centinaia di migliaia di visualizzazioni che la sua storia ha raggiunto

Questo è il mondo in cui viviamo, dove la libertà d'espressione è condizionata da quello che dici, quindi non esiste.

Un mondo in cui rischi di venire traumatizzato a vita dalle forze dell'ordine e dai medici che, nella nostra teoria che ci siamo costruiti utopicamente, esistono per tutelarci. Un mondo in cui Dario Musso dovrà stare attento ogni giorno della sua vita, per evitare di tornare in quel luogo e subire questa esperienza.

L'esperienza del **TSO** è un esempio lampante della situazione in cui ci troviamo.

E mi viene soltanto da vomitare.

Ma saranno parole al vento.

Le storie non finiscono qui, adesso andiamo nelle Marche per l'ennesima follia italica di questi 24 mesi.

Voleva rimanere in classe senza mascherina, e per questo si è beccato un TSO

Per la preside e un docente, parliamo di un ragazzo molto intelligente ma "*bastian contrario*", per cui, come nome di fantasia, lo chiameremo *Sebastiano*.

A Fano, in un istituto scolastico, sta per iniziare una nuova mattinata. Sebastiano non ha intenzione di fare lezione con la mascherina, e non è la prima volta che protesta contro la situazione attuale. Si incatena al banco. Viene sgomberata l'aula e ingaggiata una trattativa che non porta a niente di positivo. Arriva sul luogo la Polizia e anche un' ambulanza. Sebastiano è al telefono con una persona che viene chiamata "costituzionalista", che gli spiega come comportarsi. Non si hanno altre notizie di questa persona, non sappiamo se era davvero avvocato o esperto di leggi.

Chi è Sebastiano?

Vi metto qui alcune parole di un suo docente:

"Non è la prima volta che accade, perché questa è già la quinta azione di protesta e tutte le volte si cerca di spiegare come stanno le cose e quali sono le regole comportamentali e alle quali non si può derogare. Ma su questa vicenda della mascherina il ragazzo è deciso a proseguire nella sua protesta. Cosa diciamo? Che lui può far valere tutte le sue ragioni, contestare, ma lo deve fare con la mascherina davanti alla bocca e su questo non si può derogare. E' un tipo intelligente, molto bravo con i computer, ma con la vocazione del bastian contrario. Nel senso che terminata una lezione, lui invia un file dove vengono sostenute tesi che vanno in senso contrario rispetto a quello che è stato spiegato."

Qui viene fatto passare come qualcosa di estremamente negativo, sarebbe bello invece chiedersi "*perché sostiene questo?*" "*cosa racconta?*" "*perché non provare a riflettere sul valore e sulla qualità di quello che viene insegnato a scuola?*"

No, meglio ripetere che sia un bastian contrario al quale non piace nulla e si arrabbia ed è pazzo. Ok.

Le parole della preside:

"Non come preside e nemmeno come insegnante, questa mattina sarei scesa in strada, perché 'il costituzionalista' che ha portato in queste condizioni questo ragazzo era davanti alla scuola. Sarei scesa per dargli un pugno in faccia. Perché lo ha plagiato e questa storia mi addolora profondamente, soprattutto come mamma. In classe con il cellulare in viva voce parlava con quello che lui chiama 'il costituzionalista'. Che gli ha anche suggerito che se la polizia lo avesse portato via con la forza, per gli agenti sarebbe stata un' aggravante. Lei capisce che razza di situazione è. Se mi dovessero chiamare, dirò tutto. Perché questa storia che mi scuote. Comunque uscendo dalla scuola il medico ha detto che siccome il ragazzo lo stava seguendo volontariamente, non ci sarebbe stato nessuno ricovero forzato"

Non ci sarebbe stato nessun ricovero... e poi c'è stato. Vi racconto com'è andata: hanno imbonito Sebastiano per portarlo in ospedale, luogo in cui ci sarebbero già state maggiori possibilità di sedarlo, visto la situazione decisamente stressante. Ha rifiutato di assumere psicofarmaci? Ha soltanto risposto ad una provocazione? Sappiamo che è sfuggita di mano e, ahimè, in maniera del tutto inaspettata, è stato confermato un TSO al povero bastian contrario.

Sebastiano chiama dal reparto di Psichiatria.

"Sto bene; sono qui al reparto psichiatrico di Pesaro, a Muraglia, perché mi hanno fatto un Tso e mi hanno detto che dovrò restare qui una settimana. In questo momento una dottoressa mi sta portando via tutti gli oggetti pericolosi. Mi hanno dato dei calmanti al Santa Croce e poi mi hanno trasferito a Pesaro, a Muraglia. I miei genitori non sono con me".

Avremmo potuto sapere di più, se la dottoressa non avesse preso il telefono a Sebastiano e concluso la telefonata

"Questo ragazzo ha attorno persone che lo stanno mal consigliando, il giovane deve stare sereno, la telefonata deve terminare qui"

L'ennesima dimostrazione di come il potere risponda alle critiche, di come questo sistema sia profondamente malato, di come la gestione mentale di persone sofferenti sia affidata per delega a persone con le quali sarebbe forse anche troppo parlare di calcio. Tu puoi essere quello che vuoi, ma se quello che vuoi non rientra nei miei canoni, allora questo non è il posto per te.

Gli "**effetti collaterali**" di una situazione critica, che sembra non trovare più una fine. Vorrei argomentare, ma ho davvero perso le parole dopo aver letto questa storia, da un lato grottesca e surreale e dall'altro svela una precisa fotografia del momento in cui stiamo vivendo. Io non posso avere fiducia nelle istituzioni, non posso abbandonarmi ad una fede cieca, quando da oltre un anno viviamo in questo modo. E già in principio la mia fiducia era e rimarrà zero. Ma quale scienza? Ma quale università? Detto questo, vi lascio a queste due storie, che ho trovato online e mi hanno particolarmente colpito.

La prima racconta della nonna di Fulvia, e del calvario che ha dovuto sopportare lei e tutta la famiglia. La seconda è la storia di Franco, 50 giorni di follia vera.

La storia di Franco e di Fulvia è la storia di chissà quante migliaia di persone, distrutte dal comportamento autoritario dei governanti di questo paese. Ripeto, non dal virus, ma dal comportamento delle autorità.

La storia di Fulvia

"Mia nonna si era fratturata il femore il 30 Dicembre ed é stata ricoverata al Cardarelli dove le hanno fatto 2 tamponi a distanza di pochi giorni, entrambi risultati negativi. Dopo 9 giorni é stata operata (Gli anziani andrebbero operati di rottura al femore entro 48 ore per evitare complicanze). Post operazione ha dovuto effettuare un altro tampone prima di poter essere trasferita nel reparto di Fisiatria dove avrebbe fatto fisioterapia per recuperare la mobilitá della gamba. Il suddetto tampone é risultato positivo, ma mia nonna era completamente asintomatica. A quel punto il 12 Gennaio l'hanno trasferita al Cotugno dove hanno iniziato la "Profilassi sperimentale Covid" somministrando alla ceca antibiotici e cortisone e alte dosi di ossigeno tramite mascherina. Mia nonna continuava ad essere asintomatica. L'unico sintomo era una desaturazione dovuta ad un'anemia causata molto probabilmente dalla frattura e dall'operazione subita in ritardo e in piú dalla posizione ferma semi sdraiata che non permetteva un'adeguata ossigenazione. Mia nonna è risultata ancora positiva ai vari tamponi, nonostante fosse sempre asintomatica. Venerdí 5 Febbraio è risultata negativa. In tutto questo periodo la ferita chirurgica di mia nonna é stata trascurata, le hanno rimosso i punti in ritardo, è tata visitata da un fisioterapista solo due volte e non l'hanno mai cambiata di posizione regolarmente come andrebbe fatto nei pazienti di lunga degenza. Quindi mia

nonna, essendo stata seduta nella stessa posizione per piú di 30 giorni, ha sviluppato una piaga da decubito. Domenica 7 Febbraio le hanno fatto un altro tampone perché i medici dicevano che erano necessari due tamponi negativi per poterla dimettere. Questo secondo tampone è risultato "parzialmente positivo/negativo" con "frammenti di virus".Le mie zie il 9 febbraio alle ore 10 hanno parlato con un medico del Cotugno che ha confermato il trasferimento di mia nonna in una clinica riabilitativa quello stesso giorno alle ore 12. Mentre mia zia era in viaggio verso il Cotugno un secondo dottore al telefono le ha detto, alzando la voce in maniera spropositata, che non voleva firmare per il trasferimento. Quindi un medico era d'accordo a firmare ma un altro medico invece no. Le mie zie, giá pronte per essere coinvolte nel trasporto di mia nonna, con le valigie piene di farmaci e indumenti destinati a lei, sono state costrette a tornare a casa.

È stato deciso da questo secondo medico che non verrà effettuato il trasferimento finché anche un secondo tampone risulterà negativo. Mia nonna intanto era convinta di poter uscire finalmente dall'ospedale per poter essere curata per ciò di cui lei ha veramente bisogno: cura della piaga da decubito,fisioterapia e riabilitazione post operazione del femore. Intanto mia nonna continuava ad essere asintomatica. L'unico problema é che era anemica e ha iniziato ad avere un'emorragia rettale. Il giorno dopo un ulteriore tampone esce negativo e a quel punto la nonna viene trasferita alla clinica. Lí non riescono a curarla per la forte emorragia e quindi viene trasferita al San Paolo in reparto chirurgia dove le sistemano l'emorragia rettale. Dopo 1 giorno esce un tampone positivo e quindi trasferiscono mia nonna al reparto Covid del San Giovanni Bosco. Lì mia nonna inizia a peggiorare, l'emorragia continua, inizia ad essere ipoglicemica e non bastano le sacche di glucosio endovena per stabilizzarla. Il suo corpo ormai non reggeva più. La notte tra il 15 e il 16 febbraio ha un arresto cardiocircolatorio e finisce la sua vita terrena. È andata a finire nella conta dei "morti Covid" perché positiva all'ultimo tampone effettuato. Non é stato possibile effettuare un'autopsia ed é stata cremata. Ho scelto di scrivere questo post come testimonianza per farvi capire che tutti gli anziani con patologie che sono morti nell'ultimo anno soli abbandonati, come mia nonna, non sono morti certo di Covid, sono morti assassinati da un governo e una "scienza" criminali con l'aiuto di medici e infermieri,alcuni innocenti e ipnotizzati e altri invece senza cuore. Mia nonna é morta sola, non siamo potuti stare vicino a lei nell'ultimo mese e mezzo della sua vita. Ma sono fiera di averla baciata e abbracciata fino all'ultimo momento in cui l'ho vista. Non c'è cosa piú disumana e criminale che far pensare al mondo intero che baciare e abbracciare altri esseri umani sia fonte di pericolo e vada evitato. Mia nonna non ha mai avuto sintomi Covid e fino al 30 dicembre tutti noi in famiglia l'abbiamo baciata e abbracciata.

La storia di Franco: asintomatico e rimbalzato da un ospedale all'altro

Franco, 87 anni arzilli a parte un po' di perdita di memoria a breve termine, è entrato in ospedale per una cosa da nulla e non lo abbiamo rivisto più. Domani ce lo riportano sigillato in una bara, per il funerale, dopo un mese e mezzo di follia in cui non abbiamo visto né angeli né madonne né eroi né eccellenza sanitaria né nessuna delle belle cose che si sentono in TV. Tre o quattro infermieri molto carini e disponibili, come lo sono alcuni esseri umani random, e per il resto solo tanta, tanta brutta distopia.

In ospedale Franco ha preso il covid. E quindi non è uscito dopo due giorni come previsto.

Asintomatico al 100%, gli è stato somministrato uno psicofarmaco così, tanto per gradire, in modo che non rompesse i coglioni al personale sanitario. Pare sia la prassi, somministrare psicofarmaci a chi non ne ha bisogno, senza avvisare, in modo che non rompa i coglioni a quelle persone che le sue tasse stipendiano.

Nessuno però ha mai sentito parlare di effetto paradosso, forse all'università a punti non lo insegnano, eppure Franco comincia a comportarsi in modo strano, aggressivo, delirante. Usiamo quindi la nostra Laurea della Vita – avendo casi in famiglia di persone soggette all'effetto paradosso – e suggeriamo al personale sanitario da noi stipendiato che forse si tratta di quello. Interrotto il trattamento non necessario, Franco torna se stesso, arzillo e gentile come sempre, in attesa di negativizzarsi e tornare a casa.

Ma la notte di Natale, viene trasferito in tutta fretta a centocinquanta chilometri di distanza, senza che si avvisino i familiari, senza le sue cose, senza telefonino, come un pacco regalo che nessuno vuole.
Motivazione ufficiale: nessuna. Motivazione ufficiosa: probabilmente il posto che occupava lui, vicino a casa, serviva a qualcun altro e noi non siamo nessuno, non abbiamo parenti politici, medici, camorristi, prelati. Il nostro posto è sul tram a cui ci possiamo attaccare.

Nell'ospedale lontano, Franco viene messo insieme ai malati gravi, attaccati al respiratore. Non ha nessun sintomo, ma il tampone continua a essere positivo.

Nell'ospedale lontano, il personale sanitario non entra nella stanza di Franco se non per lo stretto necessario, nessuno gli parla, NESSUNO acconsente ad aiutarlo a usare il tablet per fare le indispensabili videochiamate alla famiglia, come faceva nell'ospedale vicino. È impossibile sentirlo, vederlo, perdiamo ogni contatto, ci dobbiamo affidare solo alle telefonate con medici che sono puntualmente vaghi.

Franco intanto ricomincia a delirare. Ops, hanno sbagliato, hanno letto la cartella clinica vecchia in cui c'era lo psicofarmaco inutile, e quindi scusate adesso glielo togliamo di nuovo, tanto che vuoi che sia per una persona di 87 anni.

Dopo un breve miglioramento, lo scombussolamento di Franco però continua. Riusciamo a fargli una telefonata (UNA in dieci giorni) e lo sentiamo molto strano. Manda affanculo tutti, lui che è tipo maestro Shifu nella vita, smette di mangiare anche quando davanti gli viene messo lo sciù al cioccolato, che per lui è droga.

Visto che nessuno se ne frega di questo suo comportamento e nessuno sembra turbato dal fatto che non mangi e beva da due giorni ("eh non sappiamo che fare, sapete, che dite, lo leghiamo?"), usiamo la nostra Laurea della Rete e facciamo ricerche. Sul sito della fondazione Veronesi leggiamo che la dose di cortisone per gli asintomatici secondo il protocollo Covid è di massimo 6mg. All'ospedale vicino gliene davano 4mg. Chiediamo a quelli dell'ospedale lontano, risposta: 20mg. Come mai? Il medico: ah boh così. Nessuno ha mai sentito parlare dei possibili effetti negativi del cortisone ma noi sì: abbiamo casi in famiglia. Sotto nostro suggerimento, diminuiscono la dose di cortisone e noi valutiamo di farci assumere a tempo pieno, a sto punto.

Franco migliora un po' ma non mangia più e dice che è stato abbandonato. Nessuno del personale sanitario stipendiato dalle nostre tasse acconsente a una videochiamata. Li preghiamo in ginocchio, se ne sbattono altamente le palle, in gergo tecnico. Una dottoressa dice al figlio di Franco al telefono: deve accettare che suo padre ha fatto la sua vita. Gli americani le avrebbero risposto: come no, bitch.

Ultimo atto. Ore 11 di sabato 9 gennaio.

Decidiamo di andarci a riprendere Franco perché è nostro. Positivo o non positivo, è passato un mese e mezzo, è ora che torni a casa, avrà la carica virale di un lillipuziano e comunque sticazzissimi. Dottoressa del primo turno: oh si, ottima idea, si può organizzare, adesso chiamo, adesso vedo, vostro padre sta benino, in ripresa. Ore 15:00 dello stesso giorno, di persona all'ospedale lontano, dopo un'ora di macchina. Dottore del secondo turno: se spostate vostro padre, muore per strada. È in condizioni gravi.

Gravi in che senso? Stava bene tre ore fa. È covid? No non è covid, è un'infezione virale, no, batterica, no, sistemica, no, non lo sappiamo dobbiamo vedere adesso andate via che sono due ore che siamo appresso a voi. Oh, scusa se ti abbiamo disturbato, persona a cui le nostre tasse pagano lo stipendio.

Non resta che attendere, ci dicono. Attendiamo. Alle 23:30 ci chiamano: Franco non ce l'ha fatta. Torna a casa in una bara sigillata, nel pigiama in cui è uscito un mese e mezzo fa.

Non ce l'ha fatta, caro dottore, in che senso?

A sopravvivere al sistema anticovid, che isola gli anziani sapendo di condannarli a morte? A sopravvivere a un trasferimento non necessario che noi familiari non abbiamo autorizzato? A sopravvivere a un bombardamento di farmaci inutili, di indifferenza umana, di medici e infermieri incapaci? A sopravvivere a un virus asintomatico preso in ospedale?

Cioè, di cosa è morto, esattamente, Franco Lombardi?

Diranno, beh, di vecchiaia. Certo, se spingi un anziano giù per le scale e muore, puoi sempre dire che non ha retto l'urto a causa dell'età. E chi lo nega. Il problema della spinta, e delle scale, a chi vuoi che interessi?

Siamo molto addolorati, incazzati, amareggiati e basiti per questa storia che probabilmente ci accomuna a tante persone. Soprattutto ci pentiamo per quella sera di Natale, quando Franco è stato portato via senza motivo e senza consenso – io avevo detto, chiamiamo i carabinieri. Eeeeh ma dai, i dottori ne sanno più di te, che fai, non ti affidi al nostro meraviglioso sistema sanitario con gli occhi chiusi e il cuore impavido?

Ci siamo affidati, abbiamo sbagliato. Non commettete lo stesso errore. Controllate tutto e riportatevi a casa gli asintomatici a qualunque costo. Franco ci mancherà tantissimo e non meritava una fine così, nessuno la merita.

Un'ultima storia

Non è facile continuare con le riflessioni dopo aver letto queste storie strazianti. Ti prometto che questa è l'ultima del libro: perché mi trovo meglio a raccontare attraverso delle storie? Sarà più intuitivo? Le prassi del vivere comune si metabolizzano meglio? A te la scelta.

Napoli, la denuncia di una madre: "Mio figlio ucciso dagli psicofarmaci"

22 AGOSTO 2019

E., 28 anni, era affetto da disturbo dell'umore: "Il Centro di salute mentale non lo ha curato bene, la dose di medicinali era troppo alta. Mio figlio mi disse: mamma chi vuoi che se ne importi di me..."

"Dottore, mio figlio sta troppo male, è sedato. Non riesce a stare in piedi, barcolla, è assente.

Va bene signora, lo porti da me tra 10 giorni.

Non potrei portarlo da lei per una visita questa mattina?

Ma perché mi ha chiamato sul cellulare? Non abbiamo un rapporto privato, vada al Sert."

Questa è l'ultima conversazione avuta con lo psichiatra che aveva in cura il figlio, quando E. era ancora vivo. Sono bastati 14 giorni per morire.

Il 3 luglio, i due membri della famiglia incontrano al centro il loro nuovo psichiatra. Lo visita, e lo invita a ritornare per un secondo appuntamento il 23 luglio. Inoltre, gli prescrive una nuova terapia a base di psicofarmaci

"Era molto più che sedato, passava tutta la giornata nel letto, non aveva nemmeno la forza di alzarsi" e questa situazione ha spinto la madre, il 12 luglio, a chiamare lo psichiatra cercando aiuto.

Avete letto la conversazione ad inizio articolo? Quelle sono le parole che si sono scambiati i due. Il medico un po' annoiato, disturbato dalla chiamata di una madre che vede il figlio spegnersi davanti ai suoi occhi.

Signora, non è un problema mio: chiami il Sert. A questo punto, era solo una questione di tempo: il 17 luglio, E. muore, trovato esanime nel letto da sua madre. Ecco, ci sono diverse chiavi di lettura.

1)   L'empatia dei medici: è vero, avendo ogni giorno contatto con la morte e la sofferenza, è difficile stabilire dei legami e dei rapporti, lo capisco. Sappiamo già che chi studia medicina, rischia di perdere il suo lato empatico, ma è qualcosa su cui si deve discutere molto di più.

Va bene non comportarsi da fratelli di sangue, ma nemmeno da estranei. Questo ovviamente rientra nella discussione della velocità del nostro sistema, e di come i medici siano ingranaggi del meccanismo.

2)   Non basta la laurea: per essere medico, non è una condizione sufficiente o necessaria. Per fare il medico, almeno nel senso convenzionale del termine, è necessario ma non basta! A cosa servono 10 anni di studio se non sei in grado di riconoscere delle situazioni che vanno al di là dei protocolli e delle nozioni che hai imparato nelle aule universitarie?

3)   Maledetti protocolli: per carità, è possibile che lo psichiatra abbia rispettato le linee guida. Purtroppo, sappiamo che non vuole dire nulla. Parliamo di fogli standardizzati, che non valutano la persona che i medici si trovano davanti.

4)   Farmaci, terza causa di morte in occidente : prendiamolo sempre come un reminder, per ricordare quanto sottile sia la linea tra farmaco e veleno, tra qualcosa che può aiutarti e che può ucciderti.

Come si ritrova poi il paziente?

Sempre frammentato, sballottato tra specialisti a destra e sinistra: un regno di pillole e confusione. La relazione di cura parte dal rapporto medico-paziente, e volendo possiamo, anzi, dobbiamo inserire lo stesso farmaco all'interno dell'equazione. E se sono la terza causa di morte, fino a che punto hanno inciso sul miglioramento delle nostre vite?

Pensate ai *me too drugs* che rappresentano circa l'80% dei farmaci in commercio, denunciati più volte anche da **Silvio Garattini** ad esempio. E per fare un altro nome, come non parlare di **Allen Roses**, una volta vice presidente di **GSK** e presidente della sua divisione di genetica. Cosa diceva il **Dr. Roses**?

"La stragrande maggioranza dei farmaci, più del 90 per cento, funziona solo nel 30 o 50 per cento delle persone. Sul mercato, da un punto di vista economico, funzionano tutti. Ma sul corpo umano non è così. I farmaci per la malattia di Alzheimer funzionano in meno di un paziente su tre, mentre quelli per il cancro sono efficaci solo in un quarto dei pazienti. Farmaci per l' emicrania, per l'osteoporosi e l'artrite funzionano in circa la metà dei pazienti. La maggior parte dei farmaci comunque funziona in meno del 50% pazienti principalmente perché i riceventi portano geni che interferiscono in qualche modo con il farmaco.

I medici che trattano i pazienti applicano sistematicamente l'approccio trial-and-error che dice che se un farmaco non funziona, c'è sempre un altro. Penso che tutti abbiano avuto l'esperienza di aver usato più farmaci per il mal di testa o che siano stati usati più farmaci per il mal di schiena o altro ancora. Questo è nella loro esperienza, ma non capiscono il perché. Succede perché i pazienti hanno differenti suscettibilità all'effetto di quel farmaco e questo è genetico."

Da genetista, lo capisco, non poteva che concludere così la sua riflessione. Aggiungiamo anche il famoso tassello, dato che repetita iuvant, del 1976, quando l'allora presidente **Merck, Henry Gadsen**, si lasciò andare in un intervista a Fortune dicendo che il loro sogno era quello di prescrivere farmaci ai sani. Cosa è un vaccino se non un farmaco dato preventivamente ad una persona sana? *Parole al vento.*

Attualmente la scienza medica non è in grado di riparare i danni che causa. Siamo in balia di queste droghe, inutile girarci attorno. Sarà una nostra debolezza, l'incapacità di reagire in altri modi, oppure semplicemente troviamo il motivo che ci sembra più valido. Alla fine, arriviamo sempre allo stesso punto: siamo dipendenti. E, in fondo, non necessariamente dagli psicofarmaci, può essere qualsiasi cosa, che allora sia l'ambiente il responsabile? Vivere in un sistema profondamente marcio, non aiuta lo sviluppo della personalità.

Vogliamo vivere in un mondo del genere? Un mondo indissolubilmente legato al volere dell'industria farmaceutica, con il placet compiacente dei medium e delle autorità? Una società disegnata sull' Rt? Non è un problema l'esistenza di questo modello medico, comunque storia del pensiero medico occidentale; ma dobbiamo arrivare al punto di negare anche soltanto l'esistenza di mondi diversi?

Sapete una delle tante cose che ci nega questa situazione?

La libertà di stare male, la consapevolezza di avere la necessità di potersi riprendere, la certezza che la velocità e il ritmo di questa vita mette soltanto sotto enorme stress il nostro essere.

"Ci sono state in passato epidemie più gravi, ma nessuno aveva mai pensato a dichiarare per questo uno stato di emergenza come quello attuale, che ci impedisce perfino di muoverci. Gli uomini si sono così abituati a vivere in condizioni di crisi perenne e di perenne emergenza che non sembrano accorgersi che la loro vita è stata ridotta a una condizione puramente biologica e ha perso ogni dimensione non solo sociale e politica, ma persino umana e affettiva. Una società che vive in un perenne stato di emergenza non può essere una società libera. Noi di fatto viviamo in una società che ha sacrificato la libertà alle cosiddette "ragioni di sicurezza" e si è condannata per questo a vivere in un perenne stato di paura e di insicurezza."

Giorgio Agamben

Nessuno vuole negare o sminuire il valore di tutte le persone che, negli ultimi 2 anni, hanno perso la vita. Nessuno vuole sminuire la necessità, per il modello biomedico, di disporre di terapie e trattamenti sicuri ed efficaci che possano supportare il sistema immunitario di ciascuno di noi.

Direi che ormai è assodato come nel mondo reale questo strumento non sia la manna dal cielo, o come dicono politici nostrani, l'unica via d'uscita per salvarci. Questo è quello che mi urta maggiormente. e non è un problema di vaccini, di essere favorevoli o contrari, di pensare che funzionino o che uccidano.

Parliamo di farmaci sostanzialmente, realizzati dal complesso chimico industriale, che possono funzionare o no, a cui tu puoi credere o no. Se mi ricatti, devi darmi delle certezze: queste certezze non esistono. Non è un essere contrario al farmaco x o y, al massimo sono contrario alla narrazione per cui la malattia è soltanto biologica e può, anzi ormai deve, essere trattata usando solo questi prodotti.

Altrimenti sei un pazzo da legare, una persona che non ragiona, che vuole tornare nel medioevo: discriminare sulla base del niente è davvero pericoloso.

Ognuno porta acqua al proprio mulino, portando le evidenze necessarie a cementare le proprie convinzioni.

Anche mostrandoti dati che sconfessano il tuo pensiero, la cosa non cambierà.

Voglio essere il più chiaro possibile: non è importante se e quanto il vaccino possa funzionare, non è rilevante quanto le multinazionali del farmaco siano assoggettate alle dinamiche del mercato e se ne fregano, da sempre, delle persone. I discorsi prettamente tecnici stanno a zero, è questa la verità. Con un foglio di carta e due numeri, e la giusta influenza, puoi dire tutto e il contrario di tutto. Questo è stato sicuramente fatto dal mondo dell'informazione: ha influenzato la percezione di una malattia e ha rovinato quel poco che era rimasto.

Perché deve essere un vaccino a salvarci? Quando si è perso il senso della parola salute? Quando abbiamo rinunciato all'autodeterminazione del nostro corpo, permettendo che siano delle aziende palesemente non interessate a noi ad occuparsene? Quando lasceremo la visione organicista e riduzionista della medicina? Smetteremo mai di considerare le autorità come garanti del nostro benessere?

Grazie a te per aver concluso questo viaggio, mi auguro di averti tenuto compagnia.

Giandomenico Giannetto nasce a Messina nel Luglio del 1992. Coltiva la passione per la lettura sin da bambino, completa gli studi al Liceo Classico. Si diploma in Scienze Naturopatiche nel 2021.

Da più di dieci anni si occupa di salute, nel 2015 crea un progetto su Facebook "Medicina a piccole dosi" e nel 2017 il relativo sito web.

Si batte affinché tutte e tutti possano comprendere come non esista un solo modo di intendere la medicina, e per vivere in un mondo privo delle dinamiche di dominio.

www.facebook.com/medicinapiccoledosi
www.medicinapiccoledosi.it/

***

Edizioni La Rìa è uno dei due marchi editoriali dell'**Associazione Culturale La Chanceria.** È un'idea di editoria intraprendente, dinamica e sostenibile.

È un progetto che cerca di sperimentare la potenzialità delle innovazioni tecnologie e si basa sul *print on demand*.

Le pubblicazioni abbracciano vari generi letterari, e sono accomunate tra loro dalla voglia di condividere passioni, nozioni e storie per arricchire, informane e intrattenere il lettore.

www.lachanceria.it/edizionilaria
edizionilaria@gmail.com

Edizioni La Rìa

maggio 2022

ISBN 9791281014008